宋韵文化与亚洲文明

杭州市社会科学院 编

图书在版编目(CIP)数据

宋韵文化与亚洲文明 / 杭州市社会科学院编. —上海：上海古籍出版社, 2023.7
ISBN 978-7-5732-0762-3

Ⅰ.①宋… Ⅱ.①杭… Ⅲ.①中国历史-宋代-文集②文化史-亚洲-文集　Ⅳ.①K244.07-53 ②K300.3-53

中国国家版本馆CIP数据核字(2023)第126348号

宋韵文化与亚洲文明
杭州市社会科学院　编
上海古籍出版社出版发行
(上海市闵行区号景路159弄1-5号A座5F　邮政编码201101)
(1) 网址: www.guji.com.cn
(2) E-mail: guji1@guji.com.cn
(3) 易文网网址: www.ewen.co
上海丽佳制版印刷有限公司印刷
开本700×1000　1/16　印张11　插页3　字数132,000
2023年7月第1版　2023年7月第1次印刷
ISBN 978-7-5732-0762-3
K·3403　定价: 98.00元
如有质量问题，请与承印公司联系

序　言

卓　超　章　琪

　　世界上有七大洲，分别是：亚洲、非洲、欧洲、大洋洲、北美洲、南美洲和南极洲。其中，亚洲的面积有4 400万平方公里，约占世界陆地面积的29.4%，是七大洲中最大的一个洲。亚洲也是人口最多的一个洲，据2021年统计，总人口为45亿5千余万，占世界总人口数的66.7%。亚洲各国历史悠久，人民勤劳勇敢，在历史上相互间交往频繁，有力地推动了各国和各地区之间经济和文化的发展。

　　中国作为亚洲大家庭中的一个重要成员，地处亚洲之东，是一个幅员辽阔的世界文明古国。在古代，中国的西南面与天竺（印度）、尼婆罗（尼泊尔）、不丹、锡兰（斯里兰卡）等南亚国家接壤或近邻，西面则延及中亚、西亚诸国，那里陆地连绵7 000公里，直达地中海东岸。南面与"山同脉，水同源"的中南半岛诸国接壤。东面则与朝鲜半岛、日本列岛上的一些国家隔海相望。如果沿着明代郑和下西洋的航线前行，则先后可以抵达菲律宾群岛、印度尼西亚群岛、马来群岛上的东南亚诸国，向西航行，经过印度洋和红海，直达亚洲最西端的安息（伊朗）等西亚各国。只有北面，在古代尚是西伯利亚的"穷荒"之地。

　　中国既是一个陆地大国，也是一个海洋大国，正因为处于这样一个有利的地理条件，所以早从先秦时候起，先民与亚洲其他各国人民的友好往来和经济、文化交流已经初见端倪：商朝末年，箕子率部分商民移居朝鲜；秦朝时候，徐福奉命率三千童男童女东渡瀛洲，寻找长生不老之药，就是具有代表性的两段历史佳话。

进入西汉，以汉武帝时期张骞通西域为契机，形成了一条通往南亚、中亚和西亚的"丝绸之路"。在阵阵驼铃声中，由几十匹乃至数百匹骆驼组成的驼帮，满载丝绸、茶叶、铁器和大宗日用品，从长安出发，经过甘肃、新疆，越过帕米尔高原，经中亚、西亚，直到地中海沿岸国家，同时还传去冶铁、漆器、井渠等技术。而中亚、西亚的特产如毛布、毛毡、汗血马，以及石榴、葡萄、苜蓿、芝麻、胡桃等植物也相继传入中国。

唐朝前期，是中国古代经济繁荣、文化发达的一个高峰，无论是政治制度、经济制度还是文化艺术，对亚洲各国尤其是周边的日本、朝鲜、越南等国家影响十分巨大，从而形成了一个以中国为首的汉字文化圈。

宋朝，包括北宋和南宋，立国320年（960—1279），是中国古代史上最为高光的时期。由于它以"重文抑武"为国策，实行君主"与士大夫共治天下"的政治模式，国内相对比较安定。宋朝在抵御外族入侵的同时，十分重视经济的发展和儒家思想道德的发扬。为了不拘一格搜罗人才，又大力改革科举制度，从而促进了宋文化的大发展和大繁荣，优秀的宋韵文化由此脱颖而出。故而早在20世纪40年代初，史学大师陈寅恪就指出："华夏民族之文化，历数千载之演进，造极于赵宋之世。后渐衰微，终复必振。"英国著名历史学家汤因比甚至说："如果让我选择，我愿意生活在中国的宋朝。"

宋韵文化主要包括这样三个方面：一是优美而有韵味的文化艺术；

二是世界领先的物质文化和科技发明；三是爱国爱民、忧国忧民的思想情感。宋韵文化不仅在当代中国仍有其传承和转化的必要，对当时的亚洲各国也产生了深刻的影响。这种影响，首先还得从海上"丝绸之路"的正式形成说起。

唐朝以前，中国与亚洲各国的交流，以陆上交通为主，海上交通为辅。"丝绸之路"则是一条陆上交通大动脉，80%以上的货物都由丝路输往外国。但是，这条大动脉有其不足之处：一是商路远离中国的政治和经济中心，到达目的地路途遥远，颇费时日。二是以骆驼货运，代价大，载重量小。三是沿途受阻的情况比较严重，特别是"安史之乱"以后，唐朝失去了对中亚的控制，阿拉伯帝国的统治者为扩张的需要，联合生活于青藏高原的吐蕃，阻断了丝路中段的通行。进入北宋中期，党项族所建立的西夏，占有今宁夏、甘肃和青海东北部之地，使这条"丝绸之路"完全被断绝。

通过海道与世界各国特别是亚洲国家的交往，中国自古以来就已存在。但在古代，海上运输虽然量大成本小，但风险极大。在宋朝以前，由于造船技术不高，航海知识缺乏，在波涛汹涌和时有飓风狂飙的大海航行，常有海难之患。如日本学者阿倍仲麻吕（汉名晁衡）到唐朝后，官至御史中丞、秘书监（从三品），与诗人李白、王维常有诗歌唱和。天宝十二载（753），晁衡在回国途中遭遇风险，所乘船只漂流到了越南，后来晁衡历尽艰难，总算返回长安。再如唐朝高僧鉴真，应日本天皇邀请，前往该国弘扬佛法。鉴真6次东渡，历时11年，艰辛备尝，在天宝十三载（754）正月终于到达日本。第五次东渡从扬州出发，途中遭遇台风，船只漂到了海南岛的振州（今海南三亚），他的眼睛也因此失明。当时海路之险，足见一斑。因此，海上交通不及陆上交通发达也就可想而知。

历史进入宋朝以后，随着经济的发展，造船技术的进步，到北宋后期，已能造出载重量达到250—300吨，最高可达600吨的大船，船上挂有多张风帆，"海中不唯使顺风"，还可"使三面风"。就是说，除逆风外，船舶在任何风向的情况下，都可以借风力航行。此外，远洋海船还实行分仓法，即使一仓漏水，整条船仍然可以航行。船在茫茫大海中航行，如果遇到阴雨天，就辨不清东西南北。到北宋时候，开始使用指南针，到南宋更进一步发展成为罗盘，使海船在大海航行中有了准确的方向。宋朝的大批货船涌向海外，航行在东海、南海、印度洋、红海和波斯湾，形成"鲸波万里""无远弗届"的壮丽场面，海上"丝绸之路"至此正式形成。最初它的起点是临安（浙江杭州），稍后转移到了明州（浙江宁波）。因为当时中国输出的商品主要是瓷器，输入的主要是香料，故这条商路又被称为"陶瓷之路"或"香料之路"。

宋代通过海上"丝绸之路"，与高丽、日本、交趾、占城、真腊、薄甘、三佛齐、印度、波斯等50多个国家有贸易往来和文化交流。特别要指出的是，宋朝的海外贸易虽然盛行，但从来不借此侵占别国的一寸土地，也从来不干涉别国内政，而总是友好相处，平等相待，因此海上"丝绸之路"，也是一条不折不扣的友谊之路。今天，随着亚洲各国经济和文化的欣欣向荣，这条丝路更是显出了它的活力和美好前景。

近年来，学术界关于研究宋韵文化与亚洲文明互鉴的文章不少，其中很多方面涉及宋朝与亚洲各国的关系问题。值此第19届亚洲运动会即将在杭州召开之际，我们选集了黄纯艳等12位学者所撰写的有关两宋时期中国与亚洲各国在经济、文化等方面友好交流的文章，编成这本《宋韵文化和亚洲文明》小册子，以此作为向这届亚运会的一个小小献礼。最后，衷心祝贺本届亚运会的胜利召开，并预祝运动会圆满成功。

目　录

序言 …………………………………… 卓　超　章　琪（1）

宋朝与亚洲诸国的海上交流 ………………………… 黄纯艳（1）
宋代瓷业对世界文明的贡献 ………………………… 谢西营（12）
宋韵文化在阿拉伯世界的传播 ……………………… 龚缨晏（29）
文化与艺术双重魅力：论两宋书法在东亚地区的传播与影响
　………………………………………………… 方爱龙（41）
《朱子家礼》与《三字经》对日本文化的影响
　——宋韵文化的国际张力 ………………………… 王　勇（57）
南宋时期的中日佛教文化交流 ……………………… 江　静（68）
南宋画风影响日本绘画事例举隅 …………………… 陈　野（87）
唐宋之际高丽的宾贡进士 …………………………… 裴淑姬（103）
宋朝对高丽的书籍输出及其文化影响 ……………… 刘云军（123）
高丽王子与高丽寺 …………………………………… 尹晓宁（135）
从文莱发现宋墓看宋代中国与东南亚的经济交往 … 张锦鹏（148）
日本入宋僧成寻笔下的北宋杭州 …………………… 王海燕（158）

宋朝与亚洲诸国的海上交流

黄纯艳

宋代所处的10—13世纪是亚洲诸国海上交流空前发展的时期，其最重要的推动力是海上贸易的空前繁荣，贸易也成为宋代中国与亚洲海上诸国展开多种形式的经济文化交流的桥梁。中国与东到高丽、日本，西及波斯湾和红海沿岸地区的亚洲海上诸国交流的范围、广度和深度超过了以往。

一、宋代亚洲海洋贸易的发展

10—13世纪，宋王朝实行相对开放的贸易政策，亚洲海上贸易出现新的格局，共同推动了亚洲海上贸易的空前繁荣。在唐代，中原王朝允许外国人来华，广州、扬州等港口集聚了数以万计的海外商人，但并未制定对海外商人的法定税收制度，而且在法律上严禁本国人出境，包括私自前往海外，海外贸易发展受到了很大限制。宋朝则不仅欢迎外国商人来华贸易，而且允许并鼓励本国商人出海贸易，海外贸易出现新的局面。

宋代沿袭了唐代欢迎海外商人来华的政策，继续实行唐代已有的政策，如允许外商在华居住，在贸易港设置了蕃坊，任命蕃长管理蕃坊事务，用其本国法令处理蕃人间纠纷，保护外商在华的财产，抚恤遭遇海难的外商，发给维持日常生活的钱粮，并安排返回本国。此外，宋代还进一步丰富和发展对待外商的政策。一是设置了专门管理海上贸易的机构市舶司，制定了对外商和本国商人的法定税收制度（即"抽解"），市舶司同时还负有招徕外商来华贸易，即"来远人，通远物"的职责，这就使外商与宋朝政府间形成了共利分利关系，宋朝政府有了除营造"四夷怀服"政治氛围以外，鼓励外商来华贸易的利益驱动。二是每年的贸易季节，官方举办祈风祭海仪式，犒设出海和来华的中外海商，为他们祈求风顺。三是到南宋还实行蕃商贸易达到一定规模奖授官职的政策，其中阿拉伯后裔、大商人蒲寿庚官至提举福建市舶司，掌管当时世界最大港口泉州港的贸易。

宋代积极鼓励本国民众出海贸易，只要领取贸易许可证（公凭），申报人员、商品、船只信息，物力户担保，官府验证，即可出海贸易，回舶时按市舶制度接受抽解和博买，政府既通过市舶制度把海商纳入王朝管理体系，也使其成为国家财政来源。贸易利益的吸引和政策的鼓励，使宋代沿海地区形成了经营海外贸易的风气，部分地区逐步显现海洋性地域特征。中国商人拥有商品结构和技术、人数等诸多方面的优势。中国生产的瓷器、铁器、铜钱、书籍、丝绸等手工业商品海外诸国不能生产或生产不能满足需要，而对中国有旺盛需求。中国的造船技术和航海技术也跻身亚洲海域的领先行列，特别是指南针运用于航海后，中国海船的航行效率和安全性都大大提高。中国是当时世界上人口最多的国家，据韩森（VALERIE HANSEN）教授的研究，当时世界人口粗略估计为2.5亿，其中亚洲约1.5亿，而中国人口约为1亿。在宋朝政府的鼓励政策和经济、技术优势下，出海贸易的中国海商数量巨大，成为亚洲海上贸易的主导力量之一。中国对外贸易重心在宋代完成了由西北陆上贸易向东南海上贸易的转移，进入海洋贸易时代。

一方面是中国贸易发展的刺激，另一方面亚洲海域经济贸易的发展，使海上贸易进入新的阶段。瓷器和香料成为亚洲海上贸易商人追逐的主要商品，使阿拉伯商人积极向东发展，东南亚等地的贸易航线也主要指向了中国，而非以前的印度洋沿岸地区。阿拉伯人不仅在东非沿岸建立城邦，将非洲象牙等商品贩运到中国，而且在印度南部、东南亚地区，直至中国的广州、泉州等贸易航线上建立众多的留居点，成为其开展海上贸易的基地。东南亚地区，特别是海岛地区，自十世纪也进入快速发展阶段，因其香料、药材、珠宝等物产和亚洲贸易枢纽地位，在亚洲海洋贸易中发挥日益重要的作用。日本和高丽官方在隋唐时期与中国交往的主要目的是学习制度文化，而到宋代，其与中国的交流也转向以商业贸易和民间交流为主。由此，印度洋贸易、东南亚贸易和东亚贸易联为一体，有着稳定的商品结构，即以中国瓷器、丝绸、铁器等手工业商品与东南亚和印度洋沿岸地区的香料、珠宝等资源性商品相交换的互补性市场关系，由中国商人和阿拉伯商人发挥主导作用，各国商人共同参与的稳定贸易力量的亚洲海洋贸易体系日渐形成。亚洲海洋贸易机制日渐稳定，规模不断增长。

二、宋朝经济文化向海外诸国的传播

南宋担任提举福建市舶的赵汝适，在泉州采访海商，写成《诸蕃志》，记载了中国商人前往南海诸国的 15 处贸易点所售中国商品：瓷器 15 处、丝织品 12 处、金 8 处、酒 7 处、银 6 处、铁及铁器 5 处、米 5 处、糖 5 处、漆器 4 处、铅 4 处、锡 3 处、伞 3 处等，中国输往南海诸国的商品主要是以瓷器和丝绸为大宗的手工业品。保存于日本《朝野群载》中的宋朝商人李充贸易"公凭"所载商品各类丝绸 70 匹、瓷器 300 床，也是瓷器和丝绸为大宗。南宋商船"南海Ⅰ号"装载的货物也反映了与《诸蕃志》和李充公凭相同的特点。据孙键发布的研究，"南海一号"提取的近 20 万件文物中，最大宗的船货是瓷器，其次是铁器，检样发现的丝蛋白说明丝绸亦为大宗货物，只是由于长期浸泡，已全部腐烂。此外有金、银、铜器、铜钱等。在所有中国出口商品中，瓷器最为大宗，也最受海外诸国欢迎。因而三上次男把海上商路称为"陶瓷之路"，其《陶瓷之路》记录中国瓷器在日本、高丽及东南亚各国，以及印度、斯里兰卡、两河流域、红海沿岸等印度洋沿岸诸国发现的大量遗存。

  瓷器、铁器等中国商品的输出，对海外各国的社会生活产生了深刻影响，精美而易于清洗的瓷器成为极受欢迎的生活用具，而铁锅在宋代也是新普及的用具，带动了新的饮食方式。而最能反映宋朝经济对海外诸国影响的还有铜钱。宋朝铸钱数量巨大，据汪圣铎、高聪明等估计，北宋铜钱铸造总量达 2—3 亿贯，但宋朝始终存在严重的钱荒，其中一个重要原因是铜钱外流。宋朝铜钱铸造精美，形制规范，受到东亚各国欢迎，贸易常有超过十倍以上的利润。虽然宋朝不断重申铜钱出境禁令，但铜钱仍大量外流。海商"以高大深广之船，一船可载数万贯文而去"，日本商人在台州大量收购铜钱，导致"台城一日之间，忽绝无一文小钱在市行用"。如桑原骘藏所说"宋之铜钱东自日本、西至伊士兰教国，散布至广"。东亚和东南亚各国纷纷行用中国铜钱，日本、越南（其北部政权宋朝称为交趾）、高丽还仿造宋朝铜钱来铸造本国铜钱，形成了东亚和东南亚的铜钱货币体系。交趾、日本所铸铜钱因数量少、质量差，国内主要流通中国铜钱。宋钱大量涌入，不仅使日本卷入宋钱经济的旋涡，甚至使日本自铸钱最后完全退出了市场。

东亚的高丽、日本、交趾三国属于中华文化圈，书籍是宋朝与三国间的重要贸易品，而且需求巨大。宋代雕版印刷技术大规模应用，相较于前代，书籍数量剧增，各类书籍通过官、私渠道流向东亚诸国。各国都把宋朝视为中华文化正宗，积极引进宋朝书籍和文化。宋朝的儒家经史、佛经、文集，以及医书、兵书、阴阳诸子等各类书籍，都传播到海外，甚至宋朝新修的《资治通鉴》《新五代史》等都很快传到境外。《资治通鉴》传到高丽，成为金富轼修撰《三国史记》的重要参考。宋朝刊印的佛经更是东亚诸国大量需求的书籍。宋朝曾向日本、高丽、交趾多次赏赐《大藏经》。东亚诸国都通行中医，大量宋朝医书、方书传到东亚诸国，中原传统医学为东亚诸国所采用。

宋朝在政策上只允许能教化"蛮夷"的儒经和佛经，以及医学书籍外流，禁止涉及宋朝国家机密或可能威胁宋朝安全的法律、军事、地理、阴阳，以及臣僚奏议、文集等书外流。但实际上，宋朝开放的和禁止的各类书籍还是通过官、私各种渠道流向东亚诸国。不仅宋朝印刷的书籍大量外传，宋朝的雕版印刷技术也传到高丽、日本、交趾等国，这些国家也制作印版，刊印中国的儒家经典、佛经，以及史书、医书等各类书籍，高丽所刻《大藏经》（《高丽藏》）是迄今保存最完整的《大藏经》印版。书籍和印刷技术的输出促进了儒学、佛教等思想的传播，扩大了宋朝文明的影响。

此外，宋朝的科举制度、职官制度等也向诸国传播。高丽学习了宋朝科举制度中新创的三年一试的制度和特奏名实行恩赐科，设立同知贡举等。交趾于1075年始行科举，基本制度学习中国唐宋之制，如以儒学考试的进士科和试太学生最重，及第者享有很高的荣誉，同时又设了中国所无的科名，如学习唐宋的明法、明算、明书，设立了试吏员科，还设立了试三教（儒佛道）科。日本学习唐朝，也推行科举制，于1177年废止。科举制与职官制度和儒学教育是互为表里的，借鉴中国科举制的诸国都积极发展儒学教育，尊孔崇儒，大都建立了中央到地方的儒学教育体系，同时也推动了诸国文官政治的发展，使得儒学教育和文官政治逐步成为东亚诸国政治文明的主流方向。

三、海外诸国经济文化向宋朝的传播

经济文化交流是双向互动的，宋代中国也从海外诸国输入经济和文化。《宋史》称"凡大食、古逻、阇婆、占城、勃泥、麻逸、三佛齐诸蕃并通货易，以金、银、缗钱、铅、锡、杂色帛、瓷器，市香药、犀象、珊瑚、琥珀、珠琲、镔铁、鼉皮、瑇瑁、玛瑙、车渠、水精、蕃布、乌樠、苏木等物"。描述了宋代中国海外贸易的商品结构和输入商品的种类。综合《宋史》《宋会要辑稿》等宋代文献，可以统计到的宋代从海上诸国输入商品超过400种。有来自高丽和日本的人参、药材、布帛、丝绸、刀、木材、铜器、金、银、硫磺、水银等五十余种，大部分来自东南亚和印度洋沿岸地区，尤以东南亚所产香料、药材、珠宝居多。中国进口商品显然是以珍宝、香药和其他资源性商品为主，手工业品占少数。如《宋会要辑稿》记载的绍兴三年进口品210种，其中金、银、玉、象牙、犀角、珊瑚等珍宝11种，乳香、脑子、麝香、沉香、笺香等香药189种，牛皮、筋角等其他资源性商品10

种，铜器、吉贝布、绸、椰心簟手工业品14种，资源性商品占总数的93.3%，手工业品占6.7%。

海商还把高丽、日本的书籍传入中国，既有两国刊刻的书籍，也有已佚中国典籍的抄本。《朱子语类》记载："尝见韩无咎说，高丽入贡时，神宗谕进先秦古书。及进来，有六经不曾焚者。神宗喜，即颁行天下。"《玉海》甚至说高丽有不少宋朝官方藏书所无的书籍，即"高丽献书多异本，馆阁所无"。日本也"多有中国典籍"，日僧奝然来宋，带来了《孝经》、越王《孝经新义》等。日本僧人源信还把自著的《往生要集》等托宋商周文德带到宋朝。

海外商人来华，带来了多种外来宗教。当时来华贸易商人中数量最多、最为活跃的是穆斯林商人，他们将伊斯兰教带到广州、泉州等地。如马通所言"不论海路还是陆路，最初穆斯林不是专程来传教的，主要是经商而来到中国的"。居住蕃坊的穆斯林保持着宗教传统，修建了清真寺。广州的怀圣寺、泉州的圣友寺（清净寺）等都是穆斯林商人修建的。

海外商人还将印度教、景教等传入中国。黄心川指出，海上丝路是印度教传入中国的四条渠道之一，天竺僧人罗护那在泉州建了印度教寺庙，泉州还有印度教湿婆的象征林伽，广州的印度教寺庙建造比泉州更早。余得恩对泉州大量印度教石刻作了研究，认为其风格源自南印度朱罗王朝（846—1279）。20世纪80年代，考古学家在泉州出土了二百多件印度教文物，说明宋代以后印度教在泉州的活动十分活跃。此外，宋代泉州还有景教传播，泉州发现的五具十字石，其时代都在11世纪以下。

海外传入的宗教不仅是蕃商的信仰，也成为宋代文化的组成部分。各类进口品在宋代饮食、医药、宗教等多个领域应用，对社会生活产生了深刻影响。宫廷消费的香药宝货,象牙、犀角、玳瑁、珠宝等各类进口品由文思院加工。宋代由于进口规模增长,进口品已逐渐成为大众消费品。北宋的开封和南宋杭州都有加工和销售进口珠宝、香药的铺子。在士大夫群体中薰香成为一种时尚,用以制造清神的香气或薰衣,创制了诸多薰香配香的方法。如"魏公香法"用沉香、郁金香、丁香加上等蜡茶,碾细窨制一月,然后可用作薰香。

香药在宋代是最大宗的进口品,大量应用于医药,特别是对中医药的发展产生了重要影响。宋人对龙脑香、鸡舌香、薰陆香、乳香、笃耨香等不同香药的药理性能和疗效有日益深入的了解,研制了大量香药医方,并大量应用于临床治疗。宋代是方书大发展的时期,方书中的进口香药做烫头、君药,以及各种药物配伍的医方数量众多。在中医体系中香药多为芳香理气,香药的大量应用也推动了中医理气理论的发展。此外,进口香药还在宗教活动、生活社会等诸多领域使用,出现了多种供佛香方,也有大量用于日常生活的香药饮料、香药酒、香药饼子、佩带香袋、香药蜡烛等。总之,由于进口贸易的发展,刺激了宋代各阶层对香药、珠宝等进口品的消费需求,宋代从海外进口的香药、珍珠、犀象、木材等商品在上自宫廷权贵下到市井百姓的生活中普遍消费,对当时社会生活的诸多方面产生了日益重要的影响。

四、宋朝与海外诸国交流的途径

宋朝文明向外传播既有官方途径,也有民间途径,而以民间为主。官方的交往在宋朝在于营造"四夷怀服"的天下秩序,在朝贡体制下展开与海外诸国"厚往薄来"的贡赐往来,回赐包括贡物折价和贡物折价以外的加赐、国君礼物、使节赏赐等特别赐予。贡物折价常常优与价格或加价回赐，而加赐、国君礼物、使节赏赐则是额外的赐予。官方使节往来从经济角度讲就是双方的商品交易。贡赐贸易也常见很大规模，如大中祥符八年注辇国总计贡真珠衫、帽各一，真珠 27 700 两，香药 3 300 斤，象牙 60 株，乳香 60 斤，而熙宁十年给注辇回赐是铜钱 81 800 缗、银 52 000 两。

高丽官方还曾经派遣官员来宋朝学习制度和文化。政和五年高丽官方派遣留学生权适等五人，目的是进入宋朝太学，学习宋朝"学分三舍，教本六经"的教育制度，以及宋朝的制度礼仪。权适等学成，"皆赐上舍及第，遣归其国"，回国后受命主持高丽的国子学和礼仪制度，将三舍法等制度引入高丽，并为高丽制定了相关礼仪以及教育和科举制度。这些官方使节常常也会向宋朝请求赐予书籍。高丽、交趾派遣的使节也曾多次向宋朝求购或求赏图书。高丽入宋使节向宋朝求得《大藏经》《九经》《史记》《汉书》《圣惠方》等多种书籍。宋朝也多次应交趾使节之请赐予《大藏经》、儒学九经、礼书等。这些使节也常常同时购买各类书籍。

而宋代与海外诸国的经济文化交流主要通过移民、僧侣、商人等民间方式展开。东亚的高丽、日本和交趾都有大量宋朝移民。高丽"王城有华人数百"，多是前往贸易的中国商人，高丽官方会在其中寻找有才干的人，授予官职。《高丽史》记载几例"宋进士"授官，其中最有影响的是《高丽史》单独列传的温州商人周佇，他搭乘商船前往高丽，因为"有才""性谦恭"被授官，曾任翰林学士承旨等，最后做到礼部尚书，执掌高丽国君诏书起草。

交趾与宋朝水陆相接，虽然宋朝禁止本国商人前往交趾贸易，但仍有大量宋朝人进入交趾。李朝立国者李公蕴、陈朝立国者陈日煚其先皆为福建人。交趾使用汉文汉制，尤其重视有文化的宋朝，对于来贸易或搭载商船前来的中国人，交趾选拔通文墨者命之以官。日本也有大量宋朝人留居，形成"宋人町""唐坊"，既有商人，也有各类技艺人、医者。他们参与当地僧寺、神庙等建设，与日本人联姻，介入当地社会，甚至也以日本人身份经营海上贸易。前往东南亚的中国商人数量最多，有不少人居留不返，宋朝称之为"住蕃"，其后代被称为"土生唐人"。宋朝不允许本国人留居海外不归，禁止曾经赴试士人及有学籍士人出海，但还是有大量宋人"留在彼国，数年不回。有二十年者，取妻养子"。这些海外移民也传播了宋朝的物质文明、宗教文化、医术、手工业技术。

民间交流的另外一个重要渠道是僧侣。"名重辽宋"的高丽大觉国师义天就是宋丽佛教交流的重要推动者。元丰八年，义天与弟子随宋商林宁船来宋，受到热烈接待和宋哲宗接见。他在宋朝"遍参名德"，后搭乘商船回国，带回了三千多卷佛经，回国后开宗建寺，弘法传灯，对高丽乃至此后韩国佛教的发展做出了巨大贡献。日本没有与宋朝建立官方关系，但希望获取宋朝的文化、物资和信息，以僧侣私人赴宋，取代官方使节交流。宋朝则称"连贡方物，而来者皆僧也"。最著名的日本入宋僧是奝然，其入宋被认为是中日关系史上划时代意义的事件。他在宋朝交流佛学，巡礼五台山，回国时带回一部《开宝藏》和大量佛经，对日本佛教发展产生了很大影响。

宋代与海外诸国的民间经济文化交流中，商人扮演了最为重要的角色。周伫、义天、奝然等人出国、入宋或回国都是搭乘商船往来。宋代亚洲海上各国间的贸易主要由商人承担。中外商人大量贩运海外诸国商品到中国，另一方面也贩运允许合法交易的宋朝商品瓷器、香药、书籍及宋朝禁止的书籍、铜钱等前往海外诸国。宋朝商人基于最庞大的人口基数，海商数量众多，拥有商品优势和技术优势，在中国与日本、高丽、交趾，以及东亚诸国贸易中发挥着主导作用，同时阿拉伯、高丽、日本、东南亚诸国商人也发挥了重要作用。

宋朝经济、技术、文化等文明成果在相互交流中成为亚洲诸国共享的财富，推动了海外诸国文明的发展，为世界文明注入了新的因素。同时，宋朝也积极吸收海外诸国的经济、文化文明因素，丰富和发展本国文明。宋朝与海外诸国的交流中文明共享，经济互利，理念相通，成为关系日益紧密的人类共同体。

（作者单位：华东师范大学历史系）

宋代瓷业对世界文明的贡献

谢西营

宋代是中国制瓷史上的繁荣时期。在经历唐代"南青北白"瓷业格局之后,这一时期,制瓷业呈现出百花齐放的态势,名窑辈出,各领风骚。浙江境内的越窑、龙泉窑、南宋官窑、沙埠窑、天目窑等窑口获得飞速发展,产品推陈出新,产业迅速发展。在浙江之外,福建、江西、广东、河北等瓷业产区在宋代均获得巨大发展。上述地域内的瓷器产品在满足国内需要的同时,还大量向海外输出,今天在海外地区有广泛发现。宋代中国瓷器产品在对外输出的过程中,还将瓷业技术传播至海外。本文将从宋代瓷器产品在海外的发现和宋代瓷业技术对海外瓷业的影响两个方面进行讨论。

一、宋代瓷器产品在海外的发现

(一)浙江瓷器

1. 越窑

越窑是中国瓷业早期阶段最重要的窑场之一。从 10 世纪早期开始,越窑瓷器在外销瓷中的占比逐渐增大,这一过程持续至 10 世纪后半叶。11世纪上半叶，随着龙泉窑等窑场的兴起，以慈溪上林湖为中心的越窑核心区瓷业生产开始走向衰落，输出的瓷器数量显著减少，并于11世纪末期逐渐退出外销瓷的行列。

（1）东亚地区

早于两晋时期，越窑瓷器就已经输送到朝鲜半岛。尽管北宋越窑瓷器在朝鲜半岛仅有较少发现，但出现于贵族墓葬、宫廷或寺院等高等级遗址。韩国国立中央博物馆收藏有北宋越窑青瓷莲瓣纹盖碗和渣斗。

资料显示，日本出土的越窑瓷器集中于九州和京畿地区，尤以九州北部福冈市的太宰府、鸿胪馆遗址为多。据统计，太宰府各发掘地点出土越窑瓷碗达四百多件（片），盒、壶、水注等百余件（片）；鸿胪馆遗址出土的越窑青瓷多达数千件（片），年代涉及8世纪晚期至11世纪。

（2）东南亚地区

早于南朝时期，越窑瓷器就已经输入东南亚地区。宋代越窑瓷器在这一地区的发现，以井里汶沉船最为重要。2003年至2005年，相关机构对印度尼西亚爪哇岛北岸井里汶外海一百海里处、54米深水下的井里汶沉船进行了发掘，出水遗物达49万余件，其中中国瓷器占75%。在这些中国瓷器中，除少量白瓷，绝大部分是越窑瓷器（**图1、图2**），数量应该在30万件以上，年代跨度为晚唐至北宋早期。其中一件越窑刻花莲瓣碗上有"戊辰徐记烧"刻款，据其器物特征来看，应为北宋开宝元年（968）。此外，在菲律宾八打雁的卡拉塔、马尼拉的圣安娜、内湖遗址也出土有宋代越窑系刻花青瓷。

（3）非洲地区

非洲地区出土的宋代越窑瓷器主要集中在埃及和肯尼亚等地区。

图 1　越窑瓷器（1）

图 2　越窑瓷器（2）

埃及福斯塔特遗址曾出土大量中国瓷器,其中就有北宋早期和北宋中期的越窑瓷器(图3、图4)。此外,1966年日本学者三上次男曾对埃及库塞尔港口遗址和苏丹埃得哈布港口遗址进行调查,发现有唐末宋初越窑瓷器。

肯尼亚拉穆群岛上分布有许多斯瓦希里文化的遗址,尤以上加遗址最具代表性。北京大学考古队曾对这个遗址出土中国瓷器进行整理,

图3 越窑瓷器(3)

图 4　越窑瓷器（4）

检视瓷器 335 件（片），其中不乏越窑瓷器。研究显示，该遗址越窑瓷器的输入时间大体从唐朝末年开始，五代至北宋咸平三年（1000）为最盛，此后持续至北宋后期。

2. 龙泉窑

北宋晚期，龙泉窑只有极少量输送至海外地区。考古资料显示，东亚地区的朝鲜半岛和日本、东南亚地区的印度尼西亚苏门答腊北部、泰国班萨拉恩攀遗址、菲律宾等地曾出土过少量这一阶段的龙泉窑瓷器。此外,埃及福斯塔特遗址考古资料显示,龙泉窑瓷器早于法蒂玛王朝时期(969—1168)便已传入埃及,遗址中曾发现有少量内壁刻划花、篦点纹、双面刻划花碗。

南宋时期,龙泉窑开始成规模地输往东亚的朝鲜半岛和日本,在东南亚地区也有较多发现。朝鲜半岛的高丽墓葬中曾出土过"河滨遗范"款碗。日本出土这一时期的龙泉窑瓷器的地点主要有博多、太宰府、平安京、镰仓等。其中博多、太宰府出土了个别装饰有"直线纹、变形S纹"的龙泉窑系青瓷,镰仓出土了大量南宋晚期至元代的龙泉窑青瓷。印度尼西亚爪哇海发现的12世纪的惹巴拉沉船,出水了一定数量的龙泉窑瓷器。南宋晚期,龙泉窑开始大量输入非洲地区。开罗美国大学对福斯塔特遗址进行考古发掘中,发现在相当于南宋中后期的阿尤布王朝(统治时间为1169年—1250年)时期地层中,龙泉窑瓷片(**图5**)有较大量的出土。这一现象被斯坎伦教授形容为"(龙泉青瓷)像洪水一般涌入埃及"。此外,肯尼亚也出土了少量南宋龙泉窑瓷器。

图5　龙泉窑瓷片

3. 南宋官窑

目前能够基本确认为南宋官窑的窑址点有杭州郊坛下窑址和老虎洞窑址，其中老虎洞窑址多被认为是修内司官窑。韩国新安沉船中出水有5件老虎洞窑址青瓷，其中瓶2件、香炉3件。这5件瓷器是迄今为止老虎洞窑址青瓷在海外仅有的发现。这些瓷器或许并不是外贸商品，而可能是作为古董瓷输出的。

（二）福建瓷器

1. 建窑

建窑以生产黑釉瓷器闻名于世，创烧出兔毫、油滴、曜变等名品。宋代斗茶之风尚盛行，建盏由此名盛一时。

韩国国立中央博物馆收藏有高丽遗址出土的中国瓷器，其中就有建窑黑釉瓷器，且多数年代为南宋。韩国水下考古发现的黑釉瓷，主要出自新安沉船。该沉船出水300余件黑釉瓷，少量为建窑兔毫盏；另有一类浅腹黑釉盏，据研究应为南平茶洋窑产品。

日本是出土和收藏宋代建窑系黑釉瓷最多的海外国家。其中，福冈博多遗址群出土黑釉盏比较集中。日本还收藏多件传世珍品，其中三件曜变天目盏更是被定为日本国宝。

2. 德化窑

（1）东亚地区

宋代德化窑瓷器在日本遗址中有大量发现。其中发现最多的器类为盒，"盒子有大小几种，很多是模制的。盒子的表面有花草纹、小花纹、七宝纹、双凤纹等等，用型押表现出来"，多发现于平安时代后期至镰仓时代的经冢（为祈福或祈愿，将经卷置于经筒埋于地下石室，同时放置其他物品）中，现收藏于东京博物馆、佐世保文化科学馆、御山神社、施福寺等处。

据统计，出土这类盒的地点有长崎县、佐贺县、爱媛县、德岛市、山口县、大阪府、京都市、和歌山县、静冈县、长野县、神奈川县、埼玉县等地经冢。从地域上看，分布很广，可见当时该类盒是一种多用途的风俗性器物。

除盒之外，还出土有小壶、小盖壶、小盘、香炉、小皿、碗、轮花小皿、四耳壶、梅花瓶、水注、涡纹瓶、唐草纹瓶等德化窑瓷器。

（2）东南亚地区

德化窑瓷器在马来群岛的陆地遗址和海底沉船中多有发现，器类以生活用器为主，以军持最具特色；还有青黄釉云纹军持、青白釉盖碗、瓶以及各类纹饰的盒、盘等。

印度尼西亚苏拉威西岛南部发现有德化窑白釉盒，东爪哇地区出土有青白釉云纹军持和折腹缠枝花纹军持，加里曼丹岛北部柯达巴都遗址出土有一些青白釉刻划花瓷器。印尼国家博物馆陈列有南苏门答腊出土的青白釉雕狮形执壶以及耶帕拉号沉船出水有德化窑碗、碟、罐、军持等。此外，雅加达博物馆收藏有军持，其中一部分已经被认定为碗坪仑窑址产品。

菲律宾吕宋岛马尼拉附近的内湖和加莱拉港遗址出土有数千件德化窑瓷器。

马来西亚沙捞越博物馆收藏有德化窑白釉或青白釉军持、覆烧莲瓣纹小瓶、印花盒和折沿刻花大盘等。

3. 同安窑

同安窑系青瓷生产主要受到浙江龙泉窑的影响，但地方色彩浓厚，釉色以青黄釉为主，其次为青釉、青白或灰白釉，胎体灰白，其中器内划花篦点、器外刻划线条纹，施淡暗黄褐色釉，底足露胎。日本学者最初将其专门定名为"珠光碗"或"珠光青瓷",缘于日本"茶汤之祖"高僧珠光喜欢用该类碗饮茶而得名。

同安窑系青瓷,大量发现于日本的镰仓海岸、佐贺县唐津市的山麓一带、福冈博多湾、福冈观音寺、太宰府附近等镰仓时代遗址。其中,镰仓海岸发现的瓷器碎片中以龙泉青瓷居多,同安窑系青瓷次之。与之相对,唐津市山麓遗址中,同安窑系青瓷出土最多,出土器形多为碗、盘,饰篦划纹。此外,同安窑系瓷器在日本民间和寺院中也有大量收藏。

4. 磁灶窑

（1）东亚地区

日本各地相当于我国宋元时期的遗址中,出土了大量磁灶窑瓷器,包括土尾庵窑的绿釉瓷器、童子山一号窑的黄釉铁绘花纹盆等,其中后者主要出土于横滨、长野、福冈和京都等地。此外,日本多地发现有蜘蛛山窑所生产的绿釉剔花器、绿釉点黄彩器物以及龟形砚滴等。

（2）东南亚地区

菲律宾群岛发现有大量磁灶窑瓷器,自北部吕宋岛到南部苏禄省都有发现,尤以沿海的港口和贸易城市出土最多。其中有蜘蛛山、土尾庵窑址所烧制的饰有双龙抢珠、缠枝牡丹花等纹饰的绿釉军持和黑釉军持,另有其他窑址生产的黑釉刻花瓶、黑釉罐、青釉孔雀纹碟等。此外,青釉小碟,在巴布彦、加拉彦、黎刹省、民都洛、马斯巴特、三描礼士等地都有一定数量的发现。据研究,在"菲律宾各地古墓葬中发掘出的瓮,肩蟠踞着蛟龙的陶瓷,据考证是宋代的龙瓮。这种瓮用来酿造和盛水,或用作埋葬婴尸与殓骨之葬器"。该类龙瓮也是磁灶窑宋元时期的一类特色产品。

马来西亚出土的磁灶窑产品,多见低温釉器,以翠绿和深绿釉居多。沙捞越博物馆收藏有多件磁灶窑瓷器，有绿釉盘、黑釉龙纹军持，多为完整器。此外，沙捞越首府古晋尼亚大科的一个山洞遗址中也出土有磁灶窑的产品。

印度尼西亚雅加达博物馆中收藏有磁灶窑产品，器类有军持、执壶、碗等器物，很多应为土尾庵、蜘蛛山、金交椅山、童子山窑产品，其中多件为海底出水。

（三）其他瓷器

1. 江西景德镇窑

（1）东亚地区

韩国出土宋代景德镇窑青白瓷的遗址大体可分为墓葬、官署、寺院三类。墓葬主要集中于韩国开城一带；官署遗址包括慈江道熙川市西门洞窖藏、坡州惠阴院址、开城满月台宫城址、江华岛中城遗址等；寺院遗址出土的瓷器品类多为芒口印花青白瓷盘。

日本出土有宋代景德镇青白瓷的遗址有博多、太宰府、平安京、平泉柳之御所、镰仓、草户千轩、胜连城址、今归仁城址、尻八馆中世山城等遗址，时代跨度较大，约从11世纪中期到14世纪初。

（2）东南亚地区

菲律宾出土有少量宋代景德镇窑青白瓷。马来西亚莫尔包河口南边的布吉巴士林登、沙捞越河口三角洲的山都旁以及大窟等地出土有宋元时期景德镇窑瓷器。

（3）南亚地区

斯里兰卡出土有宋代景德镇窑青白瓷。1976年，英国考古学家John Carswell曾对贾夫纳半岛的乌拉陶特港（现为凯茨）进行发掘，发现有景德镇窑青白瓷。此外，古港口曼泰遗址中也出土有宋代景德镇青白瓷，现收藏于阿努拉达普勒地区博物馆和无畏山寺博物馆。

（4）非洲地区

非洲地区许多国家也发现一定数量的景德镇青白瓷，沿着非洲东海岸分布，如埃及福斯塔特遗址与阿斯巴尔清真寺、苏丹埃得哈布尔港、摩洛哥、埃塞俄比亚、索马里、肯尼亚、坦桑尼亚、津巴布韦、马达加斯加群岛、南非等地，其中以埃及福斯塔特遗址和肯尼亚发现的宋代景德镇青白瓷数量最多。

2. 广东瓷器

广州作为宋代海上贸易的重要港口，很大程度上受到了全国各地窑业技术的冲击和影响。在对外贸易瓷器产品的大量需求下，广东各地纷纷开始仿制名窑产品，其中多仿耀州窑、龙泉窑、景德镇青白瓷等。

目前，出土有宋代广东瓷器的海外遗址有东亚的日本新鸿县、滋贺县大津市、福冈市太宰府等城市遗址；东南亚的菲律宾中部萨马港口、巴拉望岛西南角珊瑚礁群沉船遗址，印度尼西亚苏拉威西岛南部、南婆罗洲、爪哇岛、苏门答腊岛等港口遗址，马来西亚沙捞越山都望、雕门岛等遗址，文莱土桑古抝遗址，越南中部会安地区秋盆江 khBHhg 墓地遗址；南亚的巴基斯坦巴博港口遗址，斯里兰卡阿努拉达佛教遗址和曼泰港口遗址；西亚的阿曼索哈尔港口遗址，伊朗东北部尼沙布尔遗址和巴林阿力遗址；非洲的埃及福斯塔特遗址和索马里肯迪港口遗址等。

海外遗址发现的广东瓷器以广州西村窑青瓷和青釉褐彩瓷、潮州窑青白瓷和佛山石湾窑青瓷、褐釉瓷为主，还有少量南海窑和奇石窑瓷器。西村窑的产品以碗、盘、碟、洗等日常生活用具为主，潮州窑瓷器以碗、盘、盒、瓶为主，石湾窑和奇石窑瓷器主要是罐、盆两种。

3. 河北定窑

（1）东亚地区

韩国国立中央博物馆收藏有高丽遗址出土的白釉瓷器 100 余件，其中包含 80 余件定窑白瓷。这批定窑白瓷，北宋早期、中期占比较少，但以质量上乘的罐、瓶、盒、盏托等为主，而北宋后期则以盘、碗、盏等日常生活用器为主。此外有 1 件定窑黑釉瓷器和几件酱釉瓷器，其中前者年代被推定为北宋中晚期。

（2）东南亚地区

前述印度尼西亚海域发现的井里汶沉船，出水约 4 000 余件定窑和繁昌窑的白瓷产品。马来西亚沙捞越的山都望海港遗址出土有定窑瓷器。

（3）南亚地区

斯里兰卡发现有宋代定窑白瓷，主要发现于前述乌拉陶特港和曼泰遗址。其中无畏山寺博物馆展出有宋代定窑白瓷，亭可马里海事博物馆展出有宋代定窑斗笠白瓷碗。

（4）非洲地区

埃及福斯塔特遗址仅出土 1 片定窑风格白瓷，上带有"官"字款。

4. 河北磁州窑

（1）东亚地区

韩国国立中央博物馆收藏有高丽遗址出土的宋代磁州窑瓷器，其中白瓷 20 余件，器形有香炉、瓶、罐、碗、盏、杯、盆等，白地黑花瓷器和白地剔花瓷器 30 余件，还有少量黑釉瓷器。

磁州窑瓷器在日本广岛县福山、滋贺县大津、福井县的多个遗址有出土，主要为白地黑花瓷片。广岛福山市草户千轩遗址曾出土少量磁州窑瓷片。20 世纪 60 年代，日本九州福冈修建地铁时曾出土很多中国陶瓷碎片，其中包括有宋代磁州窑产品。

（2）东南亚地区

马来西亚沙捞越的山都望海港遗址出土有磁州窑瓷器。

（3）非洲地区

埃及福斯塔特遗址出土有 6 片北宋时期的磁州窑瓷片标本。

5. 陕西耀州窑

（1）东亚地区

韩国国立中央博物馆收藏有高丽遗址出土的 60 余件耀州窑青瓷，年代为北宋时期，其中碗类最多，其次为盘、盏等。

日本出土耀州窑瓷器的遗址主要分布于京都府、福冈市、太宰府和佐贺市，年代为北宋中晚期。1980 年，京都左京三条三坊七町水沟遗址出土 1 件青釉印花碗，是耀州窑青瓷在日本的首次发现。福冈博多遗址群和筑港线遗址出土的耀州窑青瓷最多，有素面和印花两种，印花装饰的有花卉纹碗、水波鱼纹碗、花卉纹器盖、花卉纹钵、印花碟等，共计 21 件（片）。太宰市太宰府遗址出土有青釉印花牡丹纹碟、青釉外刻花内划花碗等，共 4 件（片）。此外，佐贺市观音遗址出土有青釉印花牡丹纹盘 1 件。

（2）东南亚地区

新加坡亚洲文明博物馆收藏有 1 件北宋耀州窑金釦青釉刻花牡丹纹碗，据称出土于越南会安占婆岛。此外，在印度尼西亚的苏门答腊地区也出土过北宋耀州窑的青瓷。

（3）南亚地区

斯里兰卡北部的阿莱皮蒂遗址出土有北宋晚期的耀州窑青瓷碎片。

（4）西亚地区

阿曼北部港口苏哈尔曾出土宋代耀州窑青瓷。此外，伊朗尸罗夫遗址的考古发掘中曾出土北宋中晚期耀州窑瓷器残片。

以色列北部阿卡古城遗址出土有耀州窑瓷器，主要为印花缠枝菊纹青瓷，具有典型北宋中晚期特征。

（5）非洲地区

埃及福斯塔特遗址出土有数十片北宋耀州窑瓷片。此外，距离坦桑尼亚海岸线约1公里的基尔瓦岛大清真寺遗址发现有1片北宋晚期的耀州窑青釉印花花卉纹瓷片。

二、宋代瓷业技术对海外瓷业的影响

（一）高丽青瓷

9世纪末到10世纪前半叶，越窑制瓷技术传入朝鲜半岛，在成熟技术和瓷器审美艺术的冲击和影响下，朝鲜半岛很快完成了陶器向瓷器的转变，迅速进入生产青瓷的时代。10世纪后半叶至13世纪，高丽青瓷生产步入鼎盛时期。宋代中国瓷器和瓷业技术随着海上贸易的兴盛进一步促进了高丽青瓷在造型、釉色、纹饰与装烧工艺方面的突破。在这个时期，高丽遗址出土的中国瓷器数量最多，包括越窑青瓷、龙泉窑青瓷、景德镇青白瓷、建窑黑釉瓷、定窑瓷器、耀州窑青瓷、磁州窑瓷器等。

10世纪后半叶，高丽青瓷单方面对中国瓷器进行仿制，出现了越窑青瓷的仿制品或耀州窑的仿制品如花口碟等。

11世纪，高丽青瓷的碗盘类大量出现受越窑和耀州窑的影响下的莲瓣纹和缠枝菊纹，但与中国此类纹样的流行时段相比，其时间呈现出一定的滞后性。

11世纪后期至12世纪前期，高丽青瓷的烧制技术已经炉火纯青，不仅能够选择性吸收中国南北方窑业的技艺，还不断进行创新。这一时期，从高丽青瓷的器型、纹饰和装饰技法中很明显能发现中国瓷器对它的影响，比如仿烧越窑瓜棱形执壶、耀州窑花口碟、景德镇窑狮子盖执壶和碗、定窑葫芦形执壶和盏托等。但是，这一时期的高丽青瓷不仅是对中国瓷器的仿制，更是形成了本土化的审美。相比同时期的中国瓷器，高丽青瓷的器型在整体上更加协调自然。在纹饰和装饰技法上，高丽青瓷继承了来自南方和北方的各个窑口的鹦鹉纹、莲瓣纹、花草纹、缠枝宝相花纹、水波鱼纹、童子纹等，同时也呈现出自身的差异性，装饰技法以刻划花、印花为主。此外，高丽青瓷铁绘产生于11世纪后半期，它是在瓷胎上用铁釉描绘图案纹饰，后施透明釉烧制而成。该类技法无论是制作工艺，还是装饰效果，都可看到磁州窑白地黑花装烧工艺的影响。

12世纪至13世纪，高丽青瓷逐渐形成本土风格，镶嵌青瓷产生并逐步走向鼎盛。这一时期，尽管高丽青瓷的器形和纹饰还带有模仿中国瓷器的烙印，但是形饰的重新组合所展示出来的是朝鲜半岛地区特有的器物的整体韵味。

（二）其他瓷业

由于宋代中国瓷器在海外的广泛流布，国外很多地区都开始仿烧中国南北方各个窑口风格的器物，模仿吸收其器形、釉色、纹饰和装烧工艺。

12世纪末开始，日本爱知县的濑户开始大量仿烧传入日本的唐宋瓷器，这些产品被称作"濑户烧"。镰仓出土的"濑户烧"壶、水注、梅瓶等，与同时出土的龙泉窑瓷器在造型、纹饰等方面十分相似。此外，"濑户烧"仿烧建窑黑釉盏，该类盏在日本被称为天目盏。此外，日本多地窑场成功吸收磁州窑的技艺，生产磁州窑风格的化妆白瓷及白地黑花瓷器，如日本早期的"绘唐津""志野烧"。

印尼学者勃里安·哈里松指出，中国宋瓷受到亚洲、中东及非洲人民的热烈欢迎，它刺激了当时的南苏门答腊室利佛逝王国陶瓷业的发展。越南目前在河内郊外 Bai Ham Rong·Kim Lan、Nam Dinh 省 Den Tran 与 Bai Ha Lan，以及 Bach Coc 遗迹群 Xom Ben Ngu 等 4 处地点发现仿耀州窑系青瓷，年代主要集中在 11 世纪至 14 世纪。11 世纪至 13 世纪前半叶，越南对耀州窑系青瓷的仿制以外形模仿为主，制瓷技术仍延续本地传统，器类、器形较少，发现数量较多的碗、碟，均为我国耀州窑北宋时期常见器形。12 世纪至 13 世纪，越南陶瓷继续吸收中国宋代陶瓷的制作技术和装饰技法，模仿龙泉窑青瓷采用刻划花纹装饰碗、盘、瓶等日用器皿，器物内底留有支烧痕迹。此外，从装饰、窑业技术方面来看，越南清化省出土的青白釉褐彩瓷则受到磁州窑系的影响。

11 世纪至 12 世纪，叙利亚腊卡开始模仿中国宋代瓷器进行生产，其风格、式样都有浓厚的中国色彩。凤凰纹、龙纹、麒麟纹等图案也大量出现在瓷器和丝织品上。

埃及福斯塔特遗址也发现了大量仿中国陶瓷器。鉴于中国瓷器需求量大却供应有限，一些埃及商人开始仿制。仿制品在釉色、器形和纹饰方面都很接近中国瓷器。三上次男在《陶瓷之路》中记录了福斯塔特遗址出土的埃及生产的陶器，他指出在这些埃及生产的陶器中，大约 70% 至 80% 是中国陶瓷的仿制品。从福斯塔特遗址出土器物观察，自南宋中后期以来，随着龙泉窑瓷器的输入，埃及人便开始对龙泉窑瓷器进行仿制。

三、结　语

瓷器作为宋代海外贸易的大宗产品，国内外巨大的需求量和不同的审美取向直接刺激了国内窑口的发展壮大，窑口遍地开花，还出现了一些仿制名瓷以供外销的瓷窑作坊。宋代生产外销瓷的窑口主要涵盖了浙江越窑、龙泉窑、南宋官窑、福建建窑、德化窑、磁灶窑、同安窑系、江西景德镇窑和广东窑等，北方窑口主要有河北定窑、磁州窑和陕西耀州窑等。

从各国出土的宋代瓷器来看，宋朝的海外贸易对象有东亚的朝鲜半岛和日本，东南亚的菲律宾、文莱、马来西亚、印度尼西亚、越南、泰国，南亚的斯里兰卡、巴基斯坦，西亚的伊朗、沙特阿拉伯、以色列、阿曼，非洲的苏丹、埃及、肯尼亚、坦桑尼亚、埃塞俄比亚、索马里等国家。

随着海上贸易的兴盛发展，海上交通线路的不断扩张，中国瓷器产品输入的海外地区越来越多、越来越远，逐渐走向世界。中国瓷器产品在海外大受欢迎，在一定程度上改善和丰富了海外人民的物质和精神生活，同时也促进了中外陶瓷交流，宋瓷输入后，国外很多地区都开始仿制其釉色、器形、纹饰和装烧工艺，仿制品融入本土特色以后就逐渐产生了本地陶瓷器产品。宋代中国瓷器产品与瓷业技术的输出对海外瓷业的兴起和发展产生了巨大的影响力，对世界文明作出了重要贡献。

（作者单位：浙江省文物考古研究所）

宋韵文化在阿拉伯世界的传播

龚缨晏

一、通往阿拉伯世界的海路

在浙江省临海市的东湖石刻碑林中，保存着一块《赵汝适圹志》。这块墓志是1983年临海县博物馆进行文物普查时，在岭外乡岭外村的一个农民家中发现的。墓志所记载的赵汝适（音guā）并不是普通的人，而是宋太宗的八世孙。更加重要的是，赵汝适还于南宋理宗宝庆元年（1225）撰写了一部题为《诸蕃志》的专著，这也是中国现存最早系统记载海外国家的专著。这本书是赵汝适在泉州担任主管海外贸易的福建路市舶使时，通过向各国商人进行询问调查而写成的。书中介绍说，泉州西北方向最远，同时也是最难到达的国家名叫"大食"，此国土地广袤，物产丰富，从君王到普通百姓都崇拜"麻霞勿"的神。

《诸蕃志》所说的"大食"，源自波斯语 Tāzik 或 Tāzī，原本是阿拉伯一个部落的名称，后来指所有的阿拉伯国家。"麻霞勿"则是阿拉伯先知穆罕默德的闽粤方言译写。阿拉伯帝国自7世纪上半叶兴起后，不断扩张，8世纪达到鼎盛，其版图东起印度河，西抵大西洋，横跨亚、非、欧三洲。不过，宋朝（960—1279）建立时，阿拉伯帝国已经四分五裂，主要国家有：以西亚巴格达为中心的阿拔斯王朝（750—1258），中国称其为"黑衣大食"；以北非突尼斯为中心的法蒂玛王朝（909—1171），中国称其为"绿衣大食"；位于欧洲伊比利亚半岛的后倭马亚王朝（756—1236），中国称其为"白衣大食"；统治叙利亚、埃及、也门等地的阿尤布王朝。此外，还有其他大大小小的许多国家。曾经在广西做过官的浙江温州人周去非在南宋孝宗淳熙五年（1178）完成的《岭外代答》中正确地指出，"大食"并不是指一个国家，而是对许多国家的总称（"大食者，诸国之总名也。有国千余，所知名者特数国耳"）。我们把这些国家统称为阿拉伯世界，其空间范围包括中亚、西亚以及北非和东非的一些地区。

当阿拉伯帝国不断瓦解的时候，整个亚洲也处于剧烈的动荡之中。在中国北方，辽朝、西夏、金朝走马灯似的更替。在亚洲中部，喀喇汗朝（840—1212）、吉慈尼王朝（962—1186）、塞尔柱王朝（1037—1194）、西辽（1124—1211）等先后兴起。这样，亚洲内陆战火纷飞，政权迭变，从宋朝通向阿拉伯世界的陆上丝绸之路因此受到了严重的冲击，不再畅通。在此背景下，海上丝绸之路就成了连接宋朝与阿拉伯世界的主要交通线。北宋仁宗天圣元年（1023），宋朝政府甚至规定，来自阿拉伯世界的使节，只能从广州入贡。南宋政权偏安于东南一隅，与阿拉伯世界的联系更是只能依靠海上丝绸之路了。

宋朝通向阿拉伯世界的港口主要是广州和泉州，主要航线有两条。第一条是冬天从广州或泉州出发，借助东北风的力量，航行40多天后到达苏门答腊岛西北角的蓝里（亚齐），然后在此进行贸易及休整，直到第二年冬天再乘东北风继续航行，越过孟加拉湾，途经斯里兰卡，到达印度南端的故临国，然后沿着阿拉伯海北部海岸线前进。中国远洋帆船体型较大，吃水较深，适合在西太平洋及孟加拉湾这样的深海大洋中航行，而不适合在沿海浅海地带航行，所以船上的人员及货物必须要在故临国换乘吃水较浅的阿拉伯三角帆小船，以便进出沿海港湾。同样，如果阿拉伯商人沿着这条航线要向东前来中国，也必须在故临国换乘中国帆船等远洋大船，因为他们乘坐的阿拉伯三角帆小船抗风浪能力较弱，容易在浩瀚大洋中翻船。

第二条航线也是从广州或泉州出发，先到蓝里，第二年冬天再次启程，但经过印度南端后，不是沿阿拉伯海的海岸线航行，而是横渡印度洋，直接抵达阿拉伯半岛东南的麻啰抹。如果继续航行，则可到达亚丁，进入红海，甚至抵达东非沿岸。阿拉伯学者艾布·欧白德·巴克利（1040—1094）和雅古特（1179—1229）在他们的著作中都说过，在红海的港口城市加尔，"来自埃塞俄比亚、埃及、中国和其他印度诸国的船只在此停靠"。学者们估计，通过第一条航线往返一次大概需要18个月，而第二条航线仅需八九个月。需要说明的是，这里所说的来自中国的船只，其主人基本上是在中国侨居的阿拉伯商人。当时中国与阿拉伯之间的海外贸易是由阿拉伯商人主导的，而不是中国商人。

宋朝刚建立时，为了强化政权的合法性，宋太祖就迫不及待地于乾德四年（966）派出僧人行勤等人前往西域，目的是招徕包括大食在内的各国前来朝贡。阿拉伯国家也积极发展与宋朝的关系。根据一些学者的统计，在968年至1116年的149年中，中国史籍关于大食国向北宋进贡的记载共有48次，差不多每三年就有一次。其中两次明确说是由大食国王诃黎佛派出来的，一次是由国王阿弥派出的。诃黎佛是 Khalīfa 的音译（现在译写作"哈里发"），阿弥是 Amīr al-Muʾminīn 第一个词汇的音译（现在译写作"埃米尔"），都是阿拉伯最高统治者的正式称号。这三次朝贡，应当是阿拉伯国王派出正式国使，其他几次可能都是由阿拉伯商人来担任的，甚至可能是冒充的。不过，即便是冒充使节的阿拉伯商人，北宋皇帝对他们也是网开一面。例如宋真宗天禧元年（1017），大食商人麻思利等人从明州（宁波）前往宋朝都城开封，一路上进行贸易买卖。为了逃避税收，他们又谎称说是去进贡的。虽然宋朝官员识破了他们的伎俩，但皇帝还是免去了他们沿途的一半税收。从中可以看出，北宋皇帝是多么希望阿拉伯国家前来朝贡。

北宋皇帝对那些前来朝贡的阿拉伯使节慷慨赏赐，根本不计成本，目的是营造出万国来朝的盛世景象。到了南宋，在严重的财政压力下，统治者不得不放弃这种得不偿失的对外政策，所以在整个南宋时期，关于阿拉伯国家前来进贡的记载总共只有4次。但另一方面，南宋皇帝为了扩大财政收入，不断鼓励与阿拉伯国家的民间贸易，从而使宋朝与阿拉伯国家的关系继续保持。在整个宋朝，通过海上丝绸之路，满载着香料、象牙、药材、玻璃器等阿拉伯国家特产的帆船络绎不绝地来到中国，中国的各种商品也被源源不断地运往阿拉伯世界，其中最主要的大宗商品是瓷器。

二、输入阿拉伯世界的瓷器

瓷器制作是古代中国的一个重要发明。早在唐代，中国瓷器就已经开始传入阿拉伯世界。有学者统计，在公元8—10世纪的阿拉伯世界，已经发现中国瓷器的遗址达160多处，包括伊拉克的萨马拉、伊朗的尼沙布尔、也门的舍尔迈等。在输入的瓷器中，产自浙江的越窑青瓷所占比例较大，其他的还有白瓷、唐三彩等。由于这些瓷器主要集中在波斯湾、红海、阿拉伯半岛南部的港口及沿海地带，所以，它们大多是通过海上丝绸之路输入的。进入宋代，输入阿拉伯世界的瓷器更是迅猛增长。埃及福斯塔特遗址为了解宋代瓷器在阿拉伯世界的传播提供了宝贵的实例。

阿拉伯人于641年征服埃及后，在尼罗河边的福斯塔特建造都城，这也是阿拉伯人在埃及的第一个首都。法蒂玛王朝占领埃及后，于969年将行政中心迁移到福斯塔特东北侧的开罗，但福斯塔特在经济上的重要性不仅没有下降，反而日益增强，逐渐成为阿拉伯世界最重要的手工业中心及国际贸易中心，12世纪达到鼎盛。1163年，由西欧天主教徒建立起来的十字军国家耶路撒冷王国开始不断入侵埃及，并于1168年逼近福斯塔特。面对强大的侵略军，惊慌失措的埃及统治者强行驱赶福斯塔特城内的居民，最后焚毁了这座繁华的城市，熊熊大火一直燃烧了50多天。从此之后，福斯塔特日渐成为荒凉的废墟，有的地方甚至变成了垃圾场。现在，福斯塔特是开罗城的一个组成部分，但依然比较破旧。2017年，在这里建造了一个"埃及文明博物馆"。

进入20世纪，来自埃及、欧美、日本的学者在福斯塔特持续开展考古发掘。近年来，中国一些学者也开始参与这里的考古研究。一百年来福斯塔特考古的一个重要成果，就是发现了大量的中国瓷器。由于福斯塔特出土的瓷器尚未被完全整理出来，所以我们无法知道其确切数量。20世纪末，参与整理的日本学者估计，在已经出土的35万件陶瓷碎片中，来自东亚（中国、越南、泰国、日本等）的有11 000多片，约占总量的3%。而在福斯塔特进行过实地考察的中国学者秦大树估计，这里出土的中国瓷片数量可能超过2万片。福斯塔特出土的一些中国瓷器，还被收藏在欧洲、美国、日本等地的博物馆中。

在福斯塔特出土的中国瓷器中，时间最早的是 9 世纪后期（晚唐）的产品，而且来自中国不同的窑口，包括耀州窑、长沙窑、邢窑、定窑等，其中数量最多的是越窑青瓷。但总的来说，这一时期输入福斯塔特的中国瓷器数量不多，品种也不够丰富。在法蒂玛王朝统治下，输入到福斯塔特的中国瓷器呈飞跃式增长。北宋时期中国南北主要窑系（包括越窑、定窑、磁州窑、耀州窑等）的产品，都被大量地运销到福斯塔特，特别是随着越窑的衰落和龙泉窑的兴起，福斯塔特遗址中龙泉窑的产品从无到有，不断增多。福斯塔特发现的北宋龙泉窑产品主要有两类，分别是莲花瓣纹瓷器和刻划花纹瓷器。

南宋时期，中国运销到福斯塔特瓷器发生了两大变化。第一，由于宋金的长期对峙，北方窑口的产品无法运销到海外，在福斯塔特遗址中因而也就难觅中国北方窑口烧制的瓷器。这个时期福斯塔特出土的中国瓷器主要是龙泉青瓷和景德镇青白瓷。第二，中国出现了专门为阿拉伯世界而生产的外销瓷器。有学者发现，在福斯塔特出土的龙泉青瓷中，碗、杯、盘、壶等器物较少，多数是莲花瓣碗；在莲花瓣碗中，75% 左右直径为 160～240 毫米，最常见的为 220 毫米；而中国及西方收藏的龙泉窑莲花瓣碗，一般都没有这么大。这表明，中外商人在长期的销售实践中总结出一个宝贵的经验：阿拉伯世界的客户更喜欢器形较大的瓷器，于是订制了这类符合阿拉伯世界购买偏好的外贸产品。

中国瓷器自唐代传入阿拉伯世界后，当地的工匠就开始仿制。以龙泉青瓷为代表的宋代瓷器更是受到阿拉伯世界的热烈追捧。为了满足市场需求，阿拉伯世界各地的工匠们从色彩、器形、纹饰等方面进行仿制。但当时的阿拉伯工匠对中国瓷器的制作原料、色彩配方、烧成温度等秘诀一无所知，在此背景下，他们只得就地取材，不断探索，例如将石英砂、玻璃和白色黏土按一定比例掺和在一起，人工合成制作陶器所用的新材料"熔块胎"；在釉中添加不同的金属氧化物，发明了色彩斑斓的釉料以及独辟蹊径的上釉技术。阿拉伯工匠通过仿制中国瓷器而制作出来的釉陶，并不是真正的瓷器，而是介于陶和瓷之间，但正是这种似陶非陶、似瓷非瓷的独特风韵，使其成为阿拉伯文化的瑰宝。阿拉伯彩色釉陶后来还传入中国，并对中国陶瓷产生了一定的影响。有位国外学者曾这样写道："无论是在瓷器的发源地中国，还是在中国以外地区，中国瓷器都是文人雅士、鉴赏家和日常使用者赞美的对象。它优美的设计，绝伦的色彩，超凡的造型，激发了伊斯兰陶艺家们的灵感。他们先是模仿，接着又努力将其与本土陶器文化融合在一起。当外国人对中国瓷器还非常陌生的时候，中国瓷器就已经走出了国门。对于瓷器来说，世上并无国界。"其实，人类的一切文明成果都是无国界的。

三、流进阿拉伯世界的铜钱

除了瓷器之外，在阿拉伯世界中现在可以看到的宋韵文化遗存还有铜钱。在宋代的对外贸易中，铜钱既是贸易的媒介，同时也是商品本身，深受各国民众喜爱。虽然宋朝政府一再颁布关于严禁铜钱出口的禁令，但根本没有什么效果。通过海上航线流入到阿拉伯世界的宋朝铜钱也很多。考古工作者就在好几个地方发现过宋朝铜钱。下面从斯里兰卡开始，自东而西，略作介绍。

古代阿拉伯人把斯里兰卡称为 Sirandib，宋朝人根据阿拉伯人的称呼将其译写为"细兰"。斯里兰卡由于位于东西方贸易的交通线上，所以与宋朝有着非常密切的联系。13世纪后半期，亚帕胡瓦（Yapahuwa）曾是斯里兰卡的首都。从20世纪初开始，这里出土了1 352枚宋代铜钱，20世纪末，国外专家对其中的381枚铜币进行了研究，发现256枚是"元丰通宝""崇宁通宝""崇宁重宝"等北宋铜币，114枚是"嘉定通宝"等南宋铜币。此外，在斯里兰卡其他地方也陆续发现了一些宋代铜币。其中在一个小村子的遗址中，就出土了约200枚中国铜钱，其时代上起北宋，下止清朝。

来自宋朝的商船从斯里兰卡沿海岸线向西继续航行，就是波斯湾了。波斯湾内的巴林岛上有个卡拉特遗址。这里曾是迪尔蒙文明（公元前2300—前1600）的首都，13—17世纪成为阿拉伯世界的一个重要军事及贸易港口。16世纪，卡拉特成为军事要塞。2005年，包括卡拉特遗址在内的巴林贸易港考古遗址被联合国教科文组织列入世界文化遗产目录。

20世纪中期，丹麦考古队就在卡拉特遗址中发现过中国铜币，此后不断有中国铜钱出土，但许多铜钱已经残破难辨，只有30多枚保存较好。其中唐朝的有两枚，分别是"开元通宝"和"乾元重宝"。北宋的有18枚，分别为"至道元宝"、"祥符通宝"、"景祐元宝"（2枚）、"嘉祐通宝"、"治平元宝"（3枚）、"熙宁元宝"（2枚）、"熙宁重宝"（2枚）、"元丰通宝"（4枚）、"绍圣元宝"、"圣宋元宝"。南宋的有2枚，其中一枚残留着"庆元"两字，应是"庆元通宝"，另一枚文字无法辨识。由此可见，卡拉特与宋朝的贸易往来是比较密切的。国外学者注意到，在18枚北宋铜钱中，8枚都是宋神宗时期铸造的，即2枚"熙宁元宝"，2枚"熙宁重宝"和4枚"元丰通宝"。这个现象也许说明宋神宗时期铸造的铜钱数量非常多。此外，还有学者认为，这个遗址出土的南宋铜币不仅数量较少，而且保存质量很差，这可能是由于南宋铸钱所用的铜质量较差，或是遭到严重锈蚀之故。

巴林贸易港考古遗址稍北有沙特阿拉伯的卡提夫。这也是一个非常古老的城市，其历史可以上溯到公元前3500年前，当时的苏美尔人称其为"天堂"。中世纪，卡提夫是阿拉伯世界十分重要的港口城市，波斯湾曾因为这个城市而被称为"卡提夫海"。在卡提夫的古代遗址中，考古学家先后发现了20枚宋代铜钱。其中北宋的有12枚，分别是："祥符元宝"、"皇宋通宝"（2枚）、"熙宁元宝"、"熙宁重宝"（2枚）、"元丰通宝"（2枚）、"元祐通宝"、"绍圣元宝"、"崇宁重宝"、"政和通宝"。南宋的有8枚，分别是："淳熙元宝"、"嘉定元宝"、"淳祐元宝"、"皇宋元宝"（3枚）、"景定元宝"、"咸淳元宝"。此外，在卡提夫附近的达曼也出土过两枚南宋铜钱，分别是"绍定通宝"和"淳祐元宝"。

卡拉特出土的北宋铜币

上述遗址中出土的中国铜钱证明，波斯湾地区与中国的往来早在唐代就已经有一定规模了，到了宋朝进入繁荣时期。值得注意的是，在这些铜钱中，有一些是南宋末年铸造的，其中最晚的是度宗咸淳四年（1268）所铸"咸淳元宝"，距离南宋灭亡只有10年。考虑到中外商人之间贸易的复杂过程和繁琐手续，以及从南宋到波斯湾航行所需要的时间，这个铜钱不太可能是南宋时期输入到波斯湾的，而更可能是元朝初年输入的。也就是说，在宋元鼎革的激烈动荡时期，中国与波斯湾之间的贸易往来并没有完全中断。

四、传到阿拉伯世界的药物

在中国与阿拉伯世界的文化交流中，医药也是重要的内容。唐代，阿拉伯世界所产的龙脑香等已经传入中国，但种类及数量都很少。进入宋朝，从阿拉伯世界输入中国的药物大增。赵汝适《诸蕃志》中就记载了产自阿拉伯世界的犀角、龙涎香、没药、阿魏等十几种药材。中国药材开始传入阿拉伯世界，也是在唐朝。伊斯兰教一个重要学派的奠基者及首领贾法尔·萨迪克（Ja'far al-Sadiq，699—765）在一本讨论宗教信仰的书中写道，世界上不同的民族有不同的草药，"中国出产肉桂"。白克·剌子（Abu Bakr al-Razi，865—925）是一位非常博学的学者，在哲学、化学、医学等领域都有精深的造诣，有人甚至把他誉为"伊斯兰医学之父"。据说白克·剌子还有一个勤奋好学的中国学生，在白克·剌子用阿拉伯语口头讲述古罗马医学大师盖伦的著作时，这个中国学生将盖伦的著作用中文记录下来。我们不知道这个故事的真假，但白克·剌子本人对中国医药确实有一点了解。他在讨论如何治疗腹痛症时说过，肉桂是一种比较好的药物，"肉桂的种类很多，其中最好的一种产于中国"。同时代的另一个阿拉伯医生哈钦·麦撒里（Hakim Maysari）在《医诗汇录》（*Daneshnameh*）中写道："我听说，治疗眼疾的良药，是用中国的土黄连。"

宋朝与阿拉伯世界在医药上的交流更加频繁，阿拉伯医学家对中国药物的认识不断增多。宋朝刚建立的时候，有个名叫阿布歪尼·不花里（Al-Akhawayni Bukhari，983年去世）的医生正在忙于治病救人。他还用波斯语撰写了一本《行医必备药物手册》，此书在他去世后长期被用作医学教学辅助教材。他在讨论关于癫痫病的治疗方法时说，"应在食物中加入肉桂"。另一位医生马朱西（Al-Abbas al-Majusi，990年前后去世）在980年左右完成的名著《医术大全》中指出，珊瑚是治疗关节炎的良药，"世上有三种珊瑚。其中第二种，也是最好的一种产自中国"。

在阿拉伯世界，最伟大的医学家当推阿维森纳（980—1037）。他是哲学家、自然科学家、诗人，更是医学家。就医学而言，他被人称为"阿拉伯医学王子""医中之王"。他编写的《医典》不仅是阿拉伯世界的医学经典，而且在欧洲也是作为权威的医学教科书一直使用到18世纪。《医典》在讨论治疗良药时，有40多次提到中国，所涉及的中国药物有20种，主要有大黄、高良姜、肉豆蔻、巴豆、樟脑、土沉香、细辛等。

有意思的是，阿拉伯世界医生们对于这些中国药物功效的看法，也与中国医生差不多，例如都认为大黄性寒，具有治疗咳血、黄疸等疾病的功能；高良姜性热，可以治疗腹痛；巴豆性热，可以治疗气滞胸胀、水肿腹大；肉豆蔻可以收敛止血，治疗慢性腹泻、痢疾不止等症；樟脑可以治疗镇痛、疡肿、牙痛、疮疡等症；土沉香可以治疗气逆喘急、腹胀呕吐；细辛具有镇痛、利尿的功能，可以治疗头痛、牙痛、内脏疼痛等。不过，对于有些药物的性质，也有不同的看法。例如，中国人认为肉豆蔻、土沉香、细辛都是性温，而阿拉伯医生则认为它们都是性热的。

这里需要指出的是，虽然阿维森纳在《医典》中提到了一些中国药物，但他的理论体系却与中医无关。阿维森纳所继承的是古希腊罗马的医学体系，包括四元素（土、火、水、气）理论，四体液（血液、黏液、黄胆汁、黑胆汁）学说，并以此为基础将医学推进到新的高度。正因为如此，阿维森纳和古希腊的希波克拉底、古罗马的盖仑一起，被奉为西方医学史上的三座里程碑。

从 8 世纪开始，阿拉伯世界进入了全面兴盛的黄金时代。1258 年，蒙古大军攻陷阿拉伯世界的重要中心巴格达，标志着阿拉伯黄金时代的终结。1276 年，元军占领临安。1279 年，南宋灭亡。这样，宋朝在时间上正好与阿拉伯黄金时代的繁荣时期大体平行。宋韵文化凝聚了两宋文化中具有崇高精神追求和历史进步意义的各种文化元素，是中华优秀传统文化的重要组成部分。从东方输入的宋韵文化，在阿拉伯世界留下了深深的印记，并且使阿拉伯文化更加绚丽灿烂。这一事实说明，一个文明只有积极吸收外来优秀文化，才能充满活力，异彩纷呈。

（作者单位：宁波大学浙东文化研究院）

文化与艺术双重魅力：
论两宋书法在东亚地区的传播与影响

方爱龙

中国书法的独特韵味在于她以汉字为基本载体，自魏晋以降便具备了"艺术"与"文化"的双重属性。作为"汉字文化圈"的中心力量，中国书法以其特有的强大魅力在东亚地区产生了广泛的传播与影响。两宋时期（960—1279），书法艺术在前期情韵、法度高度发展与完备的基础上，她的人文色彩，即人格化和文化学的趋势愈加凸显；同时，两宋理学的介入，强调了人心之正，道德教化的目的性和肇于自然的合规律性并驾齐驱，成为文人书法的主流，不仅影响元明清，也对东亚日本、朝鲜半岛等地产生重要影响。这种波及域外的影响，一方面表现在当时当世，形成了以中国为中心的"汉字文化圈"相对同一的文化传统价值观念和文艺审美风尚；另一方面表现为后世沿革，汉字书法成为东亚艺术的代表样式，成为区别于近代西方美术传统的显著标志。

一

两宋时期的中国书法艺术，体现出三大特征：一是以"锺、王法度"为最高标准的传统更为明确;二是"以人论书"的新标准在文士群体中得以确立;三是"尚意"新风在一定程度上解放了技法的束缚而拓展了审美意境。

北宋初期,中国书法延续隋唐,建立以锺、王法度为最高标准的法帖谱系,在唐代崇尚"锺(繇)、张(芝)、二王(羲之、献之)"的基础上,《淳化阁帖》的刊刻就是显著标志。同时,两宋时期大规模的法帖刊行,一改唐代及之前以临、摹为主要手段的法书传播手段。这是书法传播史上的一场技术革命。两宋碑帖拓本的流播,在两宋时期通过明州(浙江宁波)、福州等港口地区传入日本最多。比如,原立于明州而原石已毁的苏轼《宸奎阁碑》**(图 1)**、赵构《佛顶光明塔碑》、范成大《赠佛照禅师诗碑》三种宋代碑刻,仅见的宋拓孤本现在都藏于日本宫内厅书陵部(京都东福寺旧物),当时显然对日本上层人物和僧侣的书法学习和艺术鉴赏产生了重要影响,全世界的书法学者、爱好者通过日本在 20 世纪出版的《书道全集》等资料,得以欣赏到如此珍贵的两宋名家书迹。而在晚清碑学兴盛之后,通过各种学术交流途径、商业贸易渠道流入日本的中国历代碑帖拓本更是不计其数,现今保存在日本三井纪念美术馆(三井高坚氏旧藏)、台东区立书道博物馆(中村不折氏旧藏)的秦汉魏晋南北朝名碑、唐宋名家碑帖拓本善本、孤本令人叹为观止。

纵观 8 世纪以来的日本书法史,最初的"唐样"书法学习,是以取法锺、王法书为旨归,与唐代及北宋前期相一致。平安时代(794—1192)时代的"三笔""三迹"在日本被尊为"书圣"王羲之的正宗传人,平安中后期的"三迹"活动的年代已处在中国北宋前期:"野迹"小野道风(894—966)在摹仿我国王羲之字体的基础上,形成自己俊逸秀气的书风,为"和样"书法的创始人。"佐迹"藤原佐理(944—

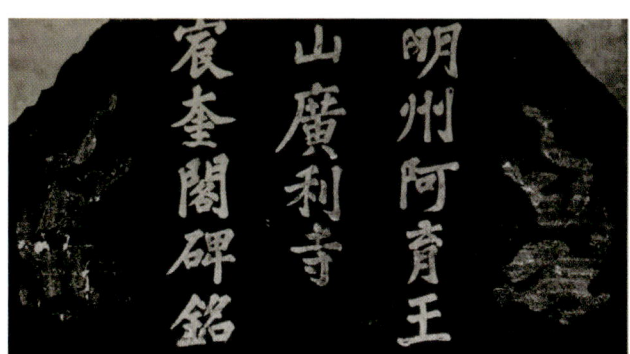

图1　苏轼《宸奎阁碑》(宋拓孤本)，日本宫内厅书陵部藏

998）作为公卿名家，以取法晋唐行草特别是盛唐旭素大草而表现为流丽跃动感的笔迹，其传世诗怀纸和草书帖札真迹至今珍为日本"国宝"。"权迹"藤原行成（972—1028）以其富有洗练、均衡及中和之美的书风，格入晋唐，并深化完成了"和样"书风**（图2）**，被称为"世尊寺流"。平安"三迹"取法晋唐名家法书，并在日本推进"和样"书风，既是日本上层贵族审美意识在书法艺术领域的集中表达，也是时代文化的本土化要求。佐理、行成二人的主要书法活动期，更与北宋前期"趣时贵书"表现为崇尚"二王"书风相合拍。

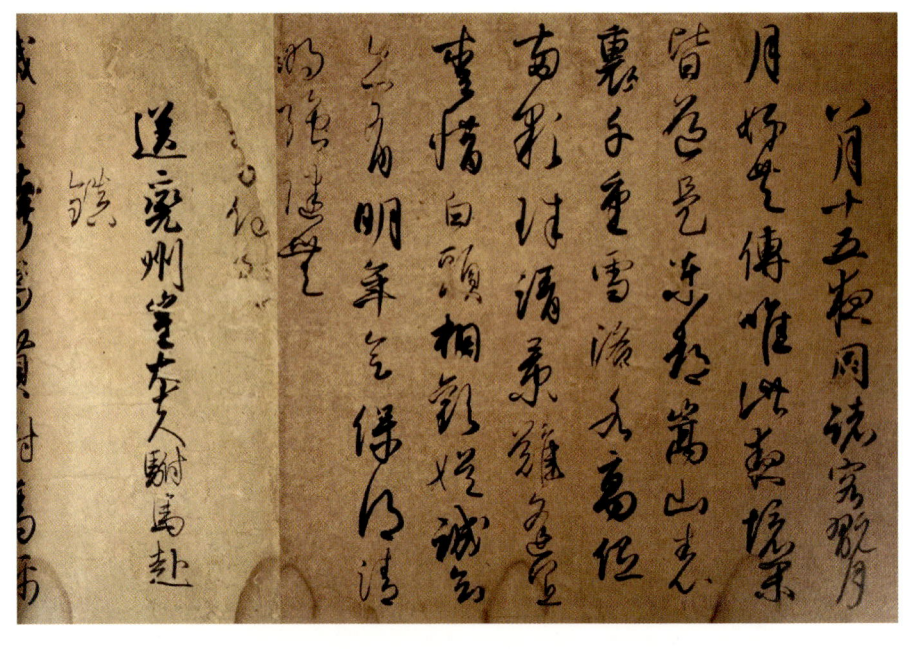

图2　藤原行成墨迹《白氏诗卷》（局部）

北宋名家对盛唐颜真卿书法的推崇风尚，早于"尚意"书风群体的出现，而且他们对颜真卿书法的评价中大致可以看出由论人到论书的变化。北宋著名文人士大夫学颜的代表主要有欧阳修、韩琦、蔡襄、苏轼、朱长文、石延年、苏舜钦、蔡卞等。在韩琦、欧阳修等人政治、文坛地位的影响下，与他们同时代或稍后的人学习"颜书"就成为一种风气。这一风气，无论从文献还是从书迹角度都是可以看到的。欧阳修、蔡襄等对颜真卿的评价主要是论他的人品，苏轼和朱长文的评价表面看是在"论书"，而背后隐含的深意更具人格化、自然化、文学化。特别是苏轼从"创与变"关系的角度来定位颜真卿书法，将颜真卿书法与杜甫的诗、韩愈的文、吴道子的画并称，认为"天下之能事毕矣"（参见富田淳等策展：《"颜真卿：王羲之を超えた名筆"特别展》图录），显然比一般评说颜真卿书法的好处，具有更宏观的书法史视野。这一书法风尚的形成，一直影响了其后的两宋文人，"宋四家"中的蔡襄、苏轼、黄庭坚就是颜真卿书法的忠实推崇者。南宋时期，文人书法中学颜的代表是陆游、朱熹、韩彦直等人。陆游在开禧三年（1207）《自勉》一诗有句云："学诗当学陶，学书当学颜。正复不能到，趣乡已可观。"嘉定八年（1215）秘阁校理留元刚知温州时，在编订《颜鲁公文集》《颜鲁公年谱》之余，专门编集颜真卿书迹，付工摹勒上石，成《忠义堂帖》8卷，后二年（1217）继任者巩嵘又续刻1卷，共收帖45种，成为传世最著名的颜真卿书法个人丛帖。在两宋"崇颜"风尚影响下，颜真卿在书法史上的地位仅次于王羲之。

在宋朝的影响下，颜真卿书法在日本及东亚地区也得到迅速传播。著名的颜真卿墨迹《自书告身帖》（图3）就收藏在日本东京都台东区立书道博物馆，包括东京国立博物馆、台东区立书道博物馆、三井纪念美术馆等公私机构所收藏的历代颜真卿碑帖拓本甚夥，其中不乏宋代旧拓善本。日本对颜真卿书法的推崇，在2019年初于东京国立博物馆举办的"颜真卿：超越王羲之的名笔"特展中可见一斑。

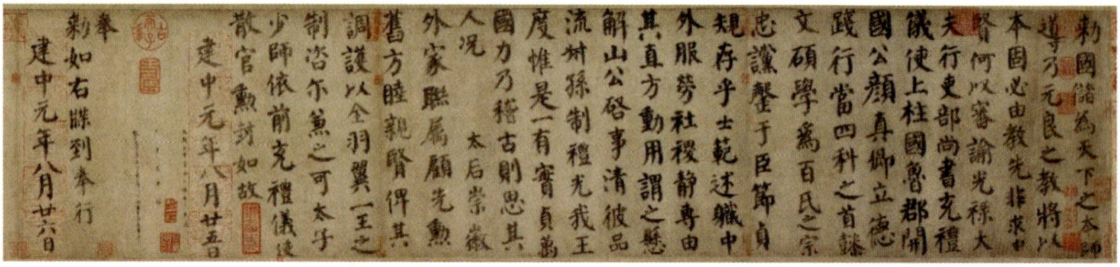

图 3　颜真卿传世墨迹《自书告身帖》(局部)，日本台东区立书道博物馆藏

东亚汉字文化圈源于对晋唐书法名家的接受，继而演进为对"宋四家"为核心的宋代文人书家的接受。北宋文人书家中对日本影响最大的仍然是"宋四家"。蔡襄（1012—1067）和苏轼（1036—1101）是颜真卿书法的推崇者，也就是大气雍容的盛唐文化的推扬者；苏轼、黄庭坚的书法是"禅趣"文化的实践者，米芾则是"二王"书法正统的宋代枢纽。南宋文人士大夫名家中对日本书法产生较大影响的人物当以吴说、范成大、朱熹、张即之等为代表。吴说既走"锺、王"正路又创"游丝"新体，范成大由米芾书风而上溯晋唐，朱熹理学宗师之外还是颜真卿书风的承继者，张即之写经、题榜书法的成就与影响一时无双。以上诸公墨迹至今宝存于日本者仍有不少。

北宋与高丽之间的书法交流，始于宋太祖建隆三年（962）高丽朝遣其广平侍郎李兴祐出使宋朝。两宋时期，宋、辽、高丽、金、蒙古先后处在复杂的多边关系中。北宋中后期是与高丽交往的热点时期，两国之间的文化交流活动也达到公元10—13世纪的高峰值。从公元12世纪初期开始，中国书法在高丽王朝得到了极大的重视。据《高丽史》记载，高丽睿宗皇帝仿宋制，命置天章阁于禁中，藏宋帝所赐亲制诏书及御笔书画。在高丽"愿得能书者至国中"的请求下，1124年，书学博士出身的徐兢（字明叔）作为国信使提辖官随使前往（图4），徐兢将其在高丽所见所闻撰成《宣和奉使高丽图经》

一书，已成为研究宋丽关系最重要的文献。

中国书法影响朝鲜半岛的路径，与影响日本同中有异，但是相对单一，即主要是借助北宋时期代表性文人书家作品的输入而形成。北宋四大家作品传至高丽后，朝鲜半岛出现了李元符、吴彦侯、文克谦、李仁老等具有多重身份的代表书家。至南宋时期，受金人的影响，两国关系渐趋紧张，在1164年两国官方宣布正式断绝交往。尽管如此，已经输入的宋代文人法书、碑帖，连同先期的隋唐碑版，已经在朝鲜半岛种了下文化基因，并一直影响了他们在汉字书法一途基本的艺术审美规范和儒家审美心理。

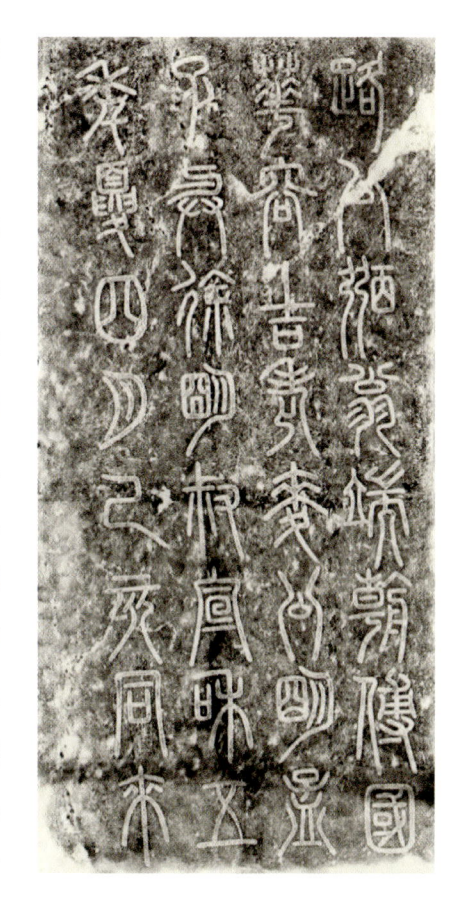

图4　徐兢篆书《路允迪等天竺香林洞题名》（新拓本），原石在杭州灵隐风景区

二

唐宋之际，缘于晋唐书法名家经典谱系的书法艺术，在获得广泛传播的基础上，基于宋代理学和禅宗文化传播的书法观念变迁，是另一重要的思想文化强大支撑。源于先秦哲学的"技"（"艺"）与"道"（"德"）之间的辩证关系，儒家文化的"德成而上，艺成而下"之论，

以及道家文化的"技进乎道"之论，是中国古典艺术精神的基本支柱。儒家文化作为中国封建文化的正统，在文艺一道既具有外向的教化与载道的社会功能，也具有内向的涵泳与自省的个体情愫。

儒家文艺观发展到北宋时期，在当时儒、佛、道三教合流的学术态势下，宋明理学（道学）的开创者周敦颐（1017—1073）以"诚""圣""道"等为出发点，发端了新的文艺观："文，所以载道也。……文辞，艺也；道德，实也。笃其实，而艺者书之，美则爱，爱则传焉。贤者得以学而至之，是为教。……不知务道德，而第以文辞为能者，艺焉而已。"（《通书·文辞第二十八》）继而，程、朱学说对之发扬光大。

具体到书法艺术层面而言，程朱理学的书法观也是以"书字时甚敬"为理论支柱的。理学集大成者朱熹（1130—1200）名列书法史"南宋四家"之一，他在卜居武夷精舍期间开始自觉地将书法一艺中的"道"与"技"结合起来，并在庆元年间大量观阅了前辈理学名家张载、程颐、邵雍的书迹，对他们"大快笔意"而"书迹谨严"的作风表现出极大的赞赏，试图调和苏、黄、米"尚意"书风及其追随者末流放大的某种弊端，提出了"皆由自家使得方好"的书学观。两宋书法文化中，文士群体对程朱理学的接受虽然未必一致且经历了"庆元党禁"的重大波折，但在较为系统的书院教育体系和儒学典籍刊刻两大传承下，程朱理学的光辉仍然得以光大，泽惠士林，继而远播东亚文化圈。因此，继平安时代"唐样"书法影响日本之后，两宋书法对日本产生广泛影响主要是通过一个路径体现在两大群体方面。另一个路径即佛教（禅宗）文化的传播，两大群体即文人与禅僧。

日本贵族文化阶层在10—12世纪较为专注于取法晋唐法书名

家谱系，并在此基础上发展出怀纸文化、"和样"书风。继而是长达近7个世纪的幕府时代，加之自镰仓（1185—1333）末期到室町时代（1336—1573），日本书道可见各种派别伴生创立，来自中国宋朝的文人书法及其程朱理学哲学观念的影响被搁置。直至江户中叶（18世纪上半叶），幕府统治基础有所动摇，日本海禁稍弛，与中国、朝鲜半岛恢复通商，宋明理学开始较大规模地被日本文人所接受，中国书法亦以新的形态方式影响日本。

两宋书法对日本的影响，更多地表现为伴随禅宗勃兴而产生，与禅宗佛教相关的大量宋代文化名人墨迹、碑版书迹拓本随之舶来日本。两宋书法名家中的苏轼、黄庭坚、米芾、张即之等人的书迹，在日本不断受到推崇，多少也跟他们与禅宗渊源颇深有些关联。

禅僧群体的书法交流与影响，包括入宋日僧、赴日宋僧的双向互动。相对频繁融洽的友好交往，为佛教传播与经济贸易提供了双重有利条件。北宋时期，入宋日僧以奝然、寂昭、成寻三人最为著名。平安（794—1192）末期，日本的目光再次汇聚到南宋前期的中国，并形成了继唐朝之后的又一个中日文化交流的高峰期。尽管当时日本流行的"怀纸文化"普遍使用了假名书法，但其时出使中国的禅僧（后世称"学问僧"）所留下的"墨迹"和由中国传入的名人法书、碑版拓本等书迹，对日本文化产生了重要影响。

日本在镰仓初期书法的发展，一方面是不受宋风影响的皇室公卿族群，而另一方面则是深受宋风影响的禅僧群。但影响后世日本书法发展的主力，恰恰是禅僧墨迹。南宋朝廷对外开放贸易通商口岸以泉州、广州、宁波为主，对高丽、日本以明州（宁波）为主。在中日文化交流史上产生较大影响的日僧有荣西、妙见道祐、道元、圆尔辩圆等，他们带回日本的内外典籍、碑刻拓本以及抄写有关宋僧的塔铭、行状、法语、诗偈、赞语和尺牍、序跋、疏、大字榜额等墨迹[①]，一直流传并发挥作用。比如，《宸奎阁碑》宋拓孤本就是日本京都东福寺的开山祖师圆尔辩圆从明州带回的重要文献之一。南宗禅广泛流行时期，集中于都城一带的径山寺、灵隐寺、净慈寺等，以圆悟克勤（1063—1135）的临济宗杨岐派系为主（图5），他的两大高徒为大慧宗杲（1089—1163）和虎丘绍隆（1077—1036），形成了两个重要分

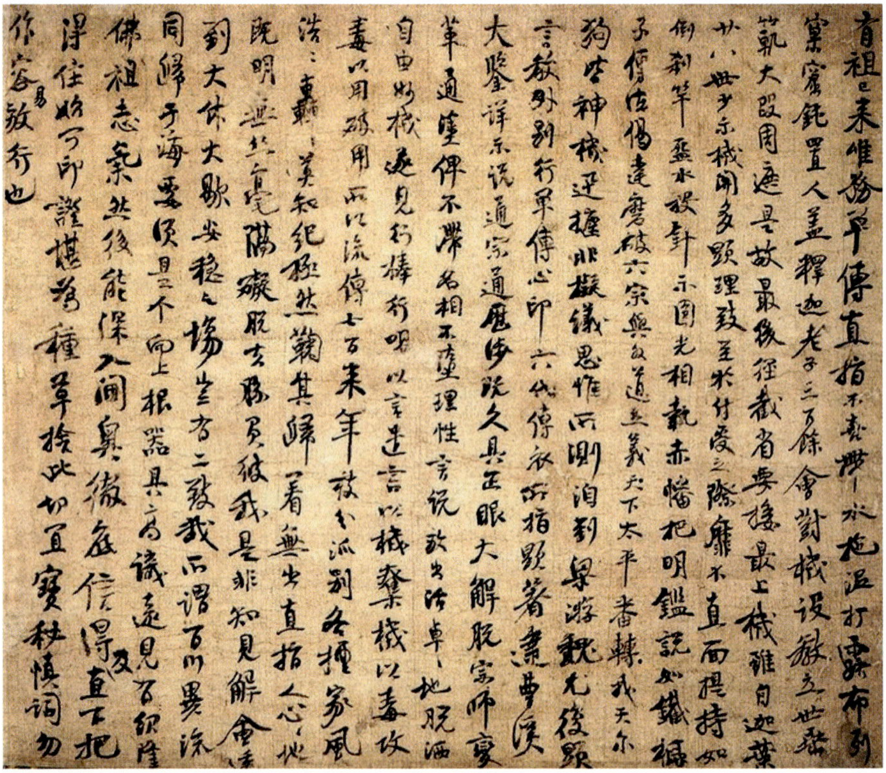

图5　圆悟克勤禅师墨迹《虎丘绍隆印可状》（前本部），日本东京国立博物馆藏

[①] 详可参见［日］神田喜一郎等监修：《书道全集》第16卷《中国11·宋Ⅱ》，东京：平凡社，1955年。又，胡建明：《宋代高僧墨迹研究》，西泠印社出版社，2011年。又，江静编著：《日藏宋元禅僧墨迹选编》，西南师范大学出版社，2015年。

支，其中代表性的几位主持的墨迹被大量传入日本，成为平安、镰仓时期学习书法的珍宝，对于书迹的传播，在日本主要是依靠禅僧作为中介者，师徒相传。比如，入宋日僧荣西（1141—1215）及其弟子道元（1200—1253）两者书风都深受宋风影响，道元代表作《普劝坐禅仪》可以看出他取法对象为南宋晚期代表书家张即之一路，即将张即之书法笔意带回日本，并在一定程度上影响禅僧们的书风。

以名列书法史"南宋四家"之一的张即之（1186—1263）为例，他的家族乃安徽和县名门，宋室南渡后居明州。他51岁左右致仕，在此后都住在鄞州（今属宁波）桃源。张即之自适园林之乐，往来鄞州天童寺、天台国清寺等寺院，结交方外，耽心禅悦。其间，题榜（图6）、写经（图7）之事频仍，书法为当时所重，影响波及域外。不仅北方金朝屡次重金购藏张即之真迹，而且日本留学僧侣也从中国带回多件张即之书迹，并在镰仓时代后期形成了学习张即之写经书法的一时风气。张即之的禅院题额大字，至今仍见存于日本者，尚有"方丈""首座""书记""前后""旃檀林""东西藏""三应""知客""浴司"等10余种之多，均已被列为日本"国宝"级文物。

图6　张即之日本禅院题字《"方丈"额》，日本京都东福寺藏

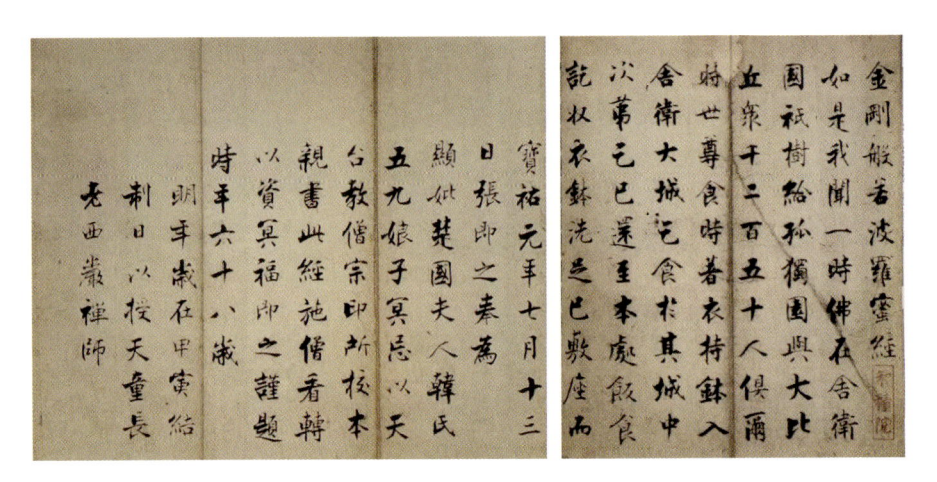

图 7　张即之写经书法《金刚般若经》(首开与末尾部分)，日本京都智积院藏

赴日宋僧的代表以径山寺无准师范法嗣一系影响为最大。据记载，京都东福寺开山祖师圆尔辩圆（即圣一国师，1202—1280）在端平二年（1235）来到南宋，向驻锡于余杭径山寺的无准师范（1178—1249）研修禅学；与此同时，他还学习了张即之的书法。六年后，圆尔辩圆回国，携归多种碑帖拓本和法书墨迹，据说，现藏日本京都东福寺的著名横额"方丈"一纸就是当年无准师范赠给圆尔辩圆而东渡日本之物。这一系的代表人物，还包括在日本开创临济禅一派的兰溪道隆（1213—1278），继承兰溪道隆担任镰仓建长寺第二世住持的兀庵普宁（1197—1276），以及在兰溪道隆圆寂后随荣西、道元东渡扶桑的建长寺第五世住持、圆觉寺重建开山祖师无学祖元（1226—1286）。他们的墨迹在尚意书风的范围内，很大程度上增添了禅意。

自 10 世纪初起，随着契丹的崛起，中国与朝鲜半岛的交往受到阻隔，相互间的文化交流进入了一段相对的沉寂期。直到元朝重新建立大一统的中国，在南宋晚期已得到官方认可的儒家文化主流派"程朱理学"被确立为正统官方哲学，也开始进入到朝鲜半岛的传播与影响期。在官方大力弘扬的"君臣大义"超越"华夷之辨"成为当时社会的普世价值，其中的"居敬穷理"也迅速成为崇尚理学的儒士自我道德涵养之法。与王氏高丽王朝以佛教为国教不同，取而代之的是朝鲜半岛李氏王朝时期"崇儒排佛"，该政策的确立给程朱理学特别是朱子学说的传播赢得了最广泛的声誉，影响其后的士林。深受大儒朱熹欣赏的程颢所言："非是要字好，只此是敬。"这一理学家的书法观念，不仅在中国南宋以后的社会逐步深入文人士大夫之心，在李氏王朝的朝鲜也深受影响，直到今天。

三

中国书法对东亚地区的影响是伴随汉字典籍及儒家文化的传播而产生深刻影响的。因为地理上的优势，与中国东北地区紧密连接的朝鲜半岛在高句丽时代就接受了儒学思想，并且依样建立了儒学教育机构，学习儒学经典与史籍。与两宋、辽金、元朝并行的王氏高丽时代（10世纪初—14世纪末），儒学在朝鲜半岛得到更大的发展，与此同时，中国传统的"书学"教育模式进入朝鲜半岛的国家人才培养框架之中，具有划时代的意义。具体表现为高丽王朝推行科举制度，在学校教育制度中设立了类似于隋唐的"书学博士"一职。学习模仿隋唐"书学"制度为主的书法人才培养模式，在官学层面展开后，也落实到儒家学者的私学培养模式中。

日本对中国汉字典籍和儒家文化的学习，在日本列岛进入集权制国家时期最主要途径和力量是遣隋使、遣唐使。频繁的遣唐使时期和鉴真东渡，无疑是中国儒学文化思想在日本传播的第一次高峰期，当时的日本成功学习了中国传统封建文化的菁华，儒家思想影响就此深刻养成。其时，以晋唐名家法书为核心的中国书法也开始在日本上层皇室、贵族、高僧等群体中大显风采，不仅《东大寺献物帐》中有著名的"书圣"东晋王羲之的 20 卷书法（唐摹响搨本），包括现今仍存日本的《丧乱·二谢·得示帖》与《频有哀祸·孔侍中帖》**（图 8）**两轴，以及后归入王羲之七世孙智永和尚名下的墨迹《真草千字文》。日本平安时代，学习"唐样"书法取得成就最大的即是"三笔"（空海、嵯峨天皇、橘逸势）和"三迹"（小野道风、藤原佐理、藤原行成）。比如，空海（弘法大师，774—835）**（图 9）**和橘逸势（782—842）两人曾遣唐学习，空海归国时携回了包括王羲之《兰亭序》拓本、欧阳询真迹等多种晋唐名家墨迹或碑帖拓本以及大量的名人诗文手迹，后来还成为了嵯峨天皇的书法老师。

两宋时期，因为中国北方契丹人建立的辽朝、女真人建立的金朝阻隔了与朝鲜半岛的正常交流，因此，通过海上往来，与东亚开展经

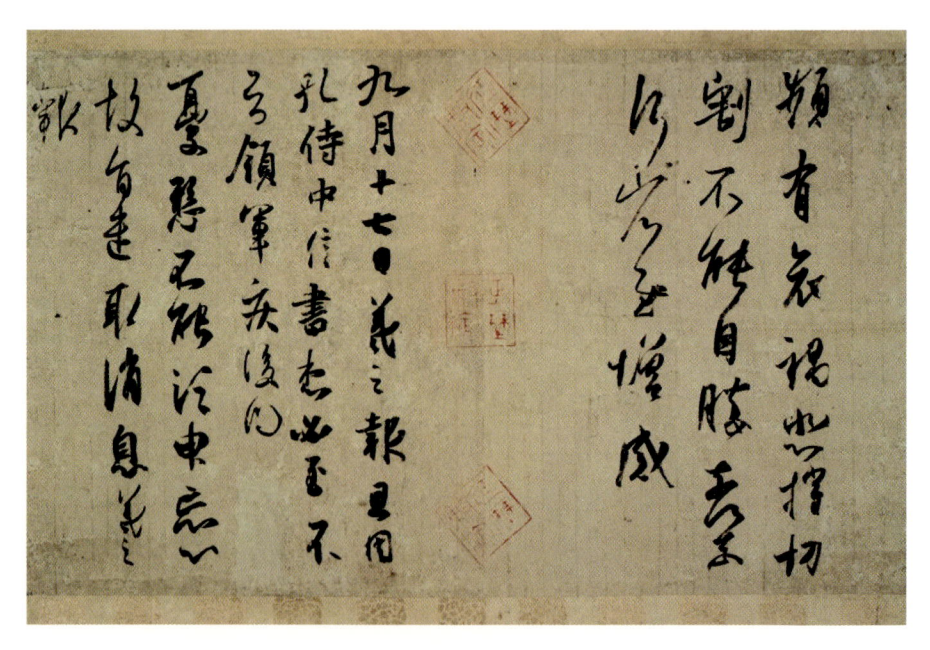

图 8　王羲之《孔侍中帖》（唐内府摹本），日本东京都前田育德会藏

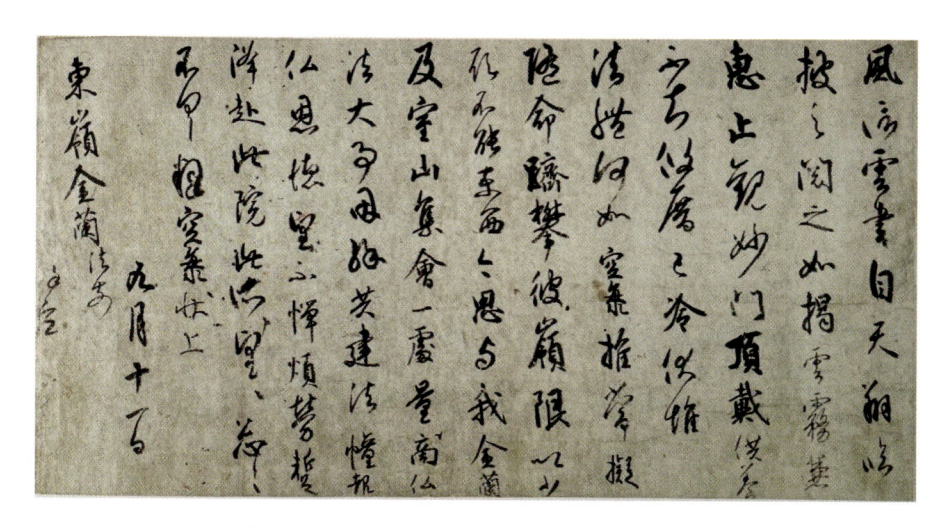

图9　空海墨迹《风信帖》(局部)，日本京都教王护国寺藏

济贸易、文化交流最为频繁的当属日本，对汉字书法接受性最为突出的也是日本。

一个比较有意义的话题是，晚近以来，中国称之为"书法"的艺术样式，在日本被称为"书道"，在韩国被称为"书艺"。不同的名称，既表明了"书"的紧密关联性——源于中国书法文化，又显现了近代化进程中的文化观念的分野。

据有关学者考订，"书道"一词在日本最早出现于平安时代末期延历寺皇圆（1112？—1169）所编的《扶桑略记》中，指向8世纪前期入唐留学生吉备真备（695—775）带回日本的"凡所传学"之一种（即书法艺术），之后到江户时代开启之前并未再出现于日本文献。江户时代，"书道"一词开始较多地出现于日本书画文献中，并且表明"书道"技艺必须向中国的"善书者"学习，方能达成。但日本近现代文化进程中因为较多吸收了西洋造型美术概念，所以日本"书道"曾一度明显表现为水墨的造型视觉艺术种种新流派，而忽略了中国书法本质的"道"。日本书学书道史学者河内利治认为：中国书法的"道"是融合了儒家"伦理道德"和道家"道法自然",再加上《周易》思想与禅宗思想;而日本书道的"道",明显受到中国"道"的思想影响,使人"很容易联想到精神一面,其本来就是思想的、理念的东西","若失去思想基础,单就精神性的东西去谈,就容易招致误解,徒然说'书'是艺术的、造形的、视觉的,就和东方的思想文化皆是不尽符合的!"因此,他建议:21世纪的日本"书道","必须要重新思考'书'中本涵的'道'、作为思想文化的'道'"(参见河内利治《日本"书道"的原义》)。

在韩国艺术史上,最初是把擅长书写的人称为"名笔",把高水平的书写称为"书法",也曾借用日语使用过"书道"之说。源于中国先秦时代的"六艺"之学,"六艺"中的"书"本指"六书"之学,也即文字之学,后引申为文字的书写技艺,略等于书法技能。因此,韩国在1945年以后,产生"书艺"一词(参见李光德、吴明明《韩国书艺评介》)。有人认为:韩国书法界袭用"书艺",从名称可以看出他们对书写艺术的娱乐性的重视。

概而言之,两宋时期的对外关系的开放性,为东亚书法开拓了舞台。这一切的源头都来自强大的汉字书法这一本源性的文化中介。这些以汉字作为符号的书迹,在两宋时期既展现了对魏晋以来中国书法经典化的继承,又融入了两宋书家对书法艺术文学化的拓展,并在先秦古典儒道文化的基础上,成功融入时代哲学——理学和新兴的禅宗美学。两宋书法在东亚地区的传播,不仅是两宋时期国际交流的珍贵史料,也是中国传统文化和中国书法走向世界舞台的前哨信使,并为汉字书法艺术发展的多样性提供了充足的养分。

(作者单位:杭州师范大学美术学院)

《朱子家礼》与《三字经》对日本文化的影响
——宋韵文化的国际张力

王 勇

在中国历史上,虽然有"唐宋"或"宋元"的连称,但宋代前后300余年,既有别于唐代,也迥异于元代,呈现独步一时的独特时代风貌,孕育出别具一格的思想文化,建构起面目一新的海上贸易物流圈与东亚文化环流圈。

虽然政治张力有所减弱,国家版图大幅缩水,但"宋钱"作为当时的国际货币,支撑起一个覆盖亚洲、远及欧非的巨大物流圈,使宋代的商品经济领跑世界,中国在很大程度上成为当时的经济规则制定者。

宋朝与周边国家的关系发生了显著的变化,与隋唐时代相比,官僚机构、都城建设、军事设施、法律法规、教育体制、国家仪礼等涉及上层建筑方面的辐射力明显衰落,但在道德规范、文化艺术、生活习俗、审美情趣、庶民教育等层面具有强大的渗透力,以春风细雨的形式熏陶周边民族的心灵世界,并在本土化过程中催生新的文化生态。

本文聚焦于宋代两部标志性作品——朱熹的《朱子家礼》与王应麟的《三字经》,叙述《朱子家礼》从中国的私家仪礼升华至周边国家共同尊奉的"东亚之礼"、《三字经》从中国的童蒙课本发展成东亚各国汲取知识与创造知识的"学习宝典"的过程，总结历史经验，面向未来愿景，塑造一个中国文化走出去、走进去、走上去的成功典范。

一、宋代的历史定位

"秦汉"连称大家习以为常，"隋唐"合称也无人质疑；但要说"唐宋"或者"宋元"，学术界就会有不同的意见。

元朝（1271—1368）约百年间，系中国历史上首个由少数民族建立的大一统王朝，虽然因袭了部分宋朝遗产，但两者在民族主体、国家体制、外交政策、官僚制度乃至语言文字、社会风俗诸方面存在着明显差异，所以"宋元"连称有些牵强。

相比"宋元"而言，说"唐宋"就比较顺口，学术界也约定俗成地这么称呼，直到日本著名汉学家内藤湖南提出"唐宋变革论"，打破学术界惯性思维的桎梏，人们开始认真思考两者的异同，并更多地关注两宋的时代特征与鲜明个性。

内藤湖南有个著名论断："唐代是中世的结束，而宋代则是近世的开始。"（《概括的唐宋时代观》）比较唐宋两代，确实能发现两者之间存在嬗变，如军事上从"盛唐"到"弱宋"，经济上从"租庸调"到"两税制"，文学上从"唐诗"到"宋词"，外交上从"朝贡"到"宗藩"，等等。

纵观中国历史，两宋是一个具有多面性的特殊朝代。在政治军事层面，面对北方少数民族的挤压侵扰，相比唐代疆域大幅缩水，尤其"靖康之变"后宋室南渡，只剩半壁江山，说是"积弱"也不为过。

在经济贸易层面，由于商品经济趋于成熟、南北物资加速流通、海外贸易规模扩大，宋朝的 GDP 约占世界的 60% 左右，"宋钱"成为国际通用货币。当时周边国家的使节、商人大量购买宋钱，用于国际贸易，所以不仅在东亚、西亚、东南亚各地出土宋钱，甚至在欧洲、非洲也出土过宋钱。由于宋钱广泛运用于跨境贸易，中国钱币大量流向国际市场，曾经一度引发严重的"钱荒"。为了缓解"宋钱"供不应求的矛盾，周边国家开始仿制宋钱。**（图1、图2）**

图1　日本仿"元丰钱"之《元丰通宝》　　图2　越南仿"元丰钱"之《元丰通宝》

在思想文化层面，宋人在内忧外患背景下，通过"反思"与"内省"，创出以"程朱理学"为代表的"宋学"，不仅使中国的儒学开拓新生面，而且影响波及整个东亚世界。

两宋时期以"东京（开封）"与"临安（杭州）"为标志，融汇北方的政治、外交、哲学底蕴与南方的经济、贸易、艺术优势，催生出兼具"深意"与"神韵"的新文化形态；尤其在南宋据有泉州、福州之后，东海与南海衔接，形成以贸易为核心的新物流圈、以朱子学为标志的新文化圈。

就东亚世界而言，宋代的政治辐射力、军事威慑力有所减弱，但经济贸易圈、文化交流圈之扩散范围与渗透深度则史无前例。

做个比喻的话，唐朝对周边国家的影响犹如暴风骤雨，挟裹着摧枯拉朽的力量，自上而下对国家机构、典章制度、律令法制、意识形态等上层建筑产生影响，处于低位的周边国家毫无选择余地地被动接受或生硬模仿。如日本在本国不具备条件的状态下强行建造长安式都城（藤原京、平城京、平安京等）、施行一系列仿唐律令（《大宝律令》《养老律令》等）、编写6部纪传体汉文正史（《日本书纪》《续日本纪》《日本后纪》《续日本后纪》《日本文德天皇实录》《日本三代实录》）、铸造12种"天圆地方"的铜钱（俗称"皇朝十二钱"）。随着唐朝退出世界历史舞台，上述举措自然也戛然而止，虽然一时震动巨大，终究是后继乏力。

然而宋朝对东亚世界的影响，无论形式还是内涵就不同了，犹如春雨伴随着微风飘向四邻，潜移默化式地渗入土地，滋润异国万物，这种和风细雨式的传播形式，虽然进程缓慢但贵在持久，虽不居高临下但与异国文化契合度高，能够生根发芽，甚至在本土化进程中萌发新文化形态。仍以日本为例，接受中国文化从唐代的被动摄取到宋代的主动取舍，诸如茶道、花道、书道、禅宗建筑、水墨绘画、日本园林等，均是在"宋韵"文化启迪下创造出来的。

宋代文化对东亚世界的影响是广泛而深层的，本文选取《朱子家礼》与《三字经》为例进行探讨，前者影响知识阶层的心灵世界、思维模式，彰显朱子学的穿透深度；后者影响庶民阶层的知识体系、价值观念，证实宋文化传播的广度。

二、宋学东传日本

朱熹集宋代理学之大成，与"罢黜百家，独尊儒术"的汉儒有别，融合佛、道，探究性理，开启新局。朱熹对儒学系统的新诠释，被称作"朱子学"，影响整个东亚。

日本自唐代融入东亚文化圈，遣唐使曾经带回大量的佛教和儒家书籍。先看佛教书籍，唐开元五年（717）日本僧玄昉随使入唐，求法近20年后（735）回国，将智升编《开元录》所收5 048卷佛经悉数席卷东归；再看儒书，藤原佐世编于9世纪末的《日本国见在书目录》，分易家、尚书、诗、礼、乐、春秋、孝经、论语等共40家，辑入1 579部17 345卷，其量约当《隋书·经籍志》一半。

唐代传入日本的儒学由博士诸家研习，专崇汉儒一脉，注重训诂考证；至宋学传入日本，这种学风才发生革命性变化。

关于宋学东传日本的时间与途径众说纷纭，然而可以确定的是，主要传播者是僧侣，既有入宋的日僧，又有赴日的宋僧——尤其是从浙江走出去的兰溪道隆、无学祖元、一山一宁居功甚伟；传入的时间可以框定在南宋时期。

（一）渡日宋僧兰溪道隆

在宋学东传过程中，除了俊芿、圆尔辨圆等入宋日僧之外，渡日宋僧的贡献也非常重要。兰溪道隆（1213—1278），四川涪江郡兰溪邑人，13岁时在成都大慈寺出家，出山之后游历江浙一带，先后参谒杭州径山寺无准师范、南京蒋山寺痴绝道冲、杭州净慈寺北磵居简等。

1246年（南宋理宗淳祐六年），应镰仓幕府执政北条时赖之聘，道隆携弟子义翁绍仁、龙江德宣等东渡日本。1253年（南宋宝祐元年），北条时赖在镰仓为其造建长寺，规模形制一仿中国径山寺。

道隆出生之地西蜀、修行之地江浙，南宋时期宋学气氛浓郁，他所师事的无准师范、北磵居简、痴绝道冲等，均是南宋禅林中顶尖的理学家。在此种氛围熏陶下，加之师友之间的耳濡目染，道隆具备了丰富的宋学素养，形成禅儒合一的思想格局，并把这种思想融汇到讲经传道之中。道隆在日本诸寺讲学，往往采用宋学概念阐述禅宗，尤其擅长阐发周敦颐之"濂学"及四书之理。《大觉禅师语录》频引程朱之说，俨然儒僧口吻。如《建长禅寺小参》提到的"圣希天""贤希圣""士希贤"，皆出自周敦颐（濂溪）《通书·志学章》，可证兰溪道隆为兼通宋学之人。兰溪道隆的《大觉禅师语录》是他在日本传经授道的实录，毋庸置疑通过这种形式传播了宋学。

（二）渡日宋僧无学祖元

无学祖元（1226—1286），别号子元，浙江宁波鄞县人，临济宗高僧。13岁剃发入净慈寺，师从北磵居简、无准师范，历参杭州灵隐寺石溪心月、虚堂智愚、宁波育王山广利寺偃溪广闻等名僧大德。

1279年（宋祥兴二年），北条时宗请祖元渡日，遂从宁波出发，东渡扶桑，出任建长寺第五世住持。

祖元初拜之师北磵居简虽宗禅学而家世业儒，与其交游者魏了翁、真德秀等均系南宋一流理学家，故倡导儒佛一致之说甚力，这对祖元有重大影响。

《佛光国师语录》卷七《示慧莲道人》："坐禅之时，一切放下，此身此心，要与太虚平等圆满，而不见太虚之量。"祖元以太虚喻心，教导日本门徒，此皆从北宋理学奠基人之一张载所创的"太虚说"而来。

从13世纪中叶开始，入宋日僧与渡日宋僧先后将宋学传入日本，此后日本第95代天皇——花园天皇（1297—1348）在宋学的推广运用进程中扮演了重要角色。稽考花园天皇日记《花园院御记》可知，当时日本朝廷流行"理学为先"风气，朝臣"多以儒教之身"而谈"宋朝之义"。

到了 16 世纪末，禅僧藤原惺窝（1561—1619）通过朝鲜人姜沆再次接触到朝鲜的朱子学，遂还俗专崇宋儒，至其弟子林罗山继承其学统而崛起，朱子学被幕府尊为官学，大行于世。

三、《朱子家礼》的东传

朱熹集宋代理学之大成，他对儒学系统的新诠释，被称作"朱子学"，不仅在中国影响深远，而且还波及整个东亚。

江户幕府立朱子学为"官学"，成为国家意识形态，代表者是林罗山。朝鲜尤重朱子学，在官方推动下迅速本土化，李退溪集其大成。越南效仿中国以朱子《四书集注》取士的科举制度，作为其建国治民的指导思想。

朱熹之学问体系无疑以《四书集注》为其核心，然而从更广阔的视域观之，朱熹其他的著述同样也是其学问体系的有机部分，从社会传播的角度看，有些"下里巴人"甚至比"阳春白雪"影响面更广。《朱子家礼》就是一例，此书虽然为士庶家庭擘画日常礼仪的规范，然元朝将之采纳为国家礼典，从民间之礼升华为官方之礼；此书虽然属朱熹一家之言，为中国民众量体裁衣定制，然而广泛传播到周边各国，从中国之礼发展成东亚之礼。(图3)

《朱子家礼》成书于南宋，对冠礼、婚礼、丧礼、祭礼制定了明确而细致的规范，体现出朱熹践行礼学、回馈社会的理念。随着《朱子家礼》在民间的普及，促成繁复谨严的礼仪走出上层社会的象牙塔，融入寻常百姓的生活中,并且成为整个东亚世界共同遵守的生活方式。

《朱子家礼》大约在15世纪传入日本,江户时代的儒者对《朱子家礼》表现出浓厚的兴趣,林罗山、中江藤树、山崎闇斋、野中兼山、林鹅峰、德川光圀等均按《朱子家礼》实践过丧祭礼,至今日本祖先祭祀中的牌位仍留有《朱子家礼》制式的遗风。

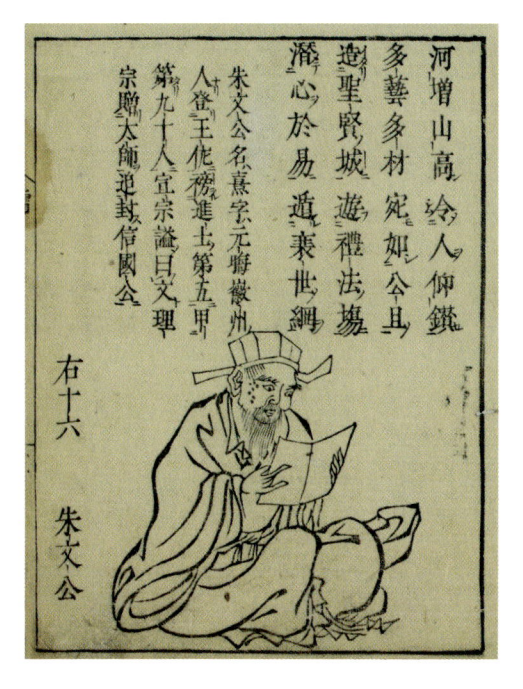

图3 朱熹像(林罗山《儒仙》,早稻田大学图书馆藏)

江户时代《朱子家礼》受到重视并广泛传播,其内部条件是朱子学被尊崇为官学,其外部因素与明清之际赴日的大儒朱舜水密切相关。

朱舜水(1600—1682),浙江余姚人,1659年东渡日本。当时的日本朱子学大行于世,朱熹成为知识阶层的精神偶像。1661年,朱舜水与弟子安东守约在长崎初次会面笔谈时,安东守约便问:"老师姓朱,文公先生之裔否?"朱舜水虽然予以否定,但为前辈学者在日本大受尊崇而自豪。

朱舜水虽然不屑于攀附名人,但不影响他对朱子学的敬仰。他在日本讲学传道,提倡"经世致用",讲究"因地制宜",这与《朱子家礼》的精神十分契合,因此在与日本人的书信往来、笔谈交流中,频繁援引、讲释《朱子家礼》,甚至一度有自编《家礼》之志。

从我们掌握的资料来看,朱舜水在书信、问答、笔谈中多次涉及

"家礼"内容,大者如棺椁之图、深衣之制,小者如书简行款、见面礼节,但最终似未完成《家礼》编撰的宏愿。

朱舜水虽未如愿编出《家礼》,但在他的宣扬与推崇之下,《朱子家礼》愈受日本社会欢迎,其门徒及相关儒者编写了大量注本、仿书、译本等,如林鹅峰《泣血余滴》《祭奠私仪》、中村惕斋《慎终疏节》《追远疏节》、若林强斋《家礼训蒙疏》、德川光圀等《丧祭备略》、大和田气求《大和家礼》等。

综上所述,朱熹作为"家礼"编撰的《朱子家礼》,自南宋以来,经元、明、清,逐步由私家之礼上升到国家礼典,从士大夫阶层扩展至平民百姓,影响中国七百余年历史;同时,《朱子家礼》从15世纪走出国门,影响遍及朝鲜、日本、琉球、越南等国,由一国之礼升华到整个东亚共同尊奉之礼,充分彰显了宋代文化的辐射力与穿透力。

四、《三字经》的东传

中国文化对外传播,内容丰富,形式多样,其中"童蒙书"起到很大的作用。历代先贤创制的童蒙书,种类繁多,常用的三部童蒙书,合称为"三百千",即指《三字经》《百家姓》《千字文》。宋人撰写的《三字经》,作为宋代文化对外传播的一环,意义重大。

关于《三字经》的作者,《汉语大词典》说"相传为宋王应麟所编"。王应麟(1223—1296)为南宋著名朱子学家,从朱熹编撰便民读本《朱子家礼》来看,朱子学派人士编撰童蒙读物《三字经》,也是顺理成章的。

朝鲜文献出现《三字经》的最早记录是1508年，1607年出版《新刊三字经》，1643年李植复刻之，并作序云："中朝人教小儿，始以《千字文》，此《经》次之。字句简便，比我国《童蒙先习》，则教学颇易。略加删改，入梓行世焉。"

《三字经》传入日本的时间应该在朝鲜之后，目前能够找到的最早记录，是元禄五年（1692）的《广益书籍目录》，该目录辑录明代福建人陈翰的《三字经注解》，证明传至日本的时间不晚于17世纪末。

据大庭脩《江户时代中国典籍流播日本之研究》所附《唐船持渡书籍目录》，1801年一艘宁波出发的商船，一次性携带296部《三字经》，足见日本社会的需求之大。但依然是供不应求，于是就有书商开始翻刻印制，即所谓的"和刻本"。据小野泽路子统计，现存的《三字经》和刻本达65种。

从19世纪开始，日本出现多种仿书续作，如大桥若水《本朝三字经》《皇朝三字经》、鷾鸸斋春水《绘入皇朝三字经》、佚名《皇朝新三字经》、铃木柔《西洋三字经》、山中良藏《什门三字经》等。

如上所述，从中国刻本，到日本和刻本，再到日本仿书，《三字经》在日本传播经历了多个阶段。随着本土化进程的推进，从接受中国文化，到模仿中国文化，再到创造本国特色的文化，以《三字经》这种源于中国的独特韵文体裁，叙述本国历史、日本佛教历史、西方各国历史，完美诠释了文化传播、模仿、创新的历程。（图4）何忠礼先生告诉我，他1988年应邀前往日本京都大学人文科学研究所从事共同研究时，见到当地居民区四周还悬挂着写有"昔孟母，曾三迁，教育子女要注意环境"等宣传条幅，足见《三字经》对日本人民的教育可谓源远流长。

图4　柳田贞亮《行书本朝三字经》

　　《朱子家礼》与《三字经》代表了宋代文化"圣"与"俗"的两个方面，前者影响到知识阶层的意识形态，后者辐射至庶民阶层的心灵世界，这大概就是宋代文化"意韵"。我们可以说，只有在东亚的大背景之下，在文化交流的互动之中，才能全面把握挟裹两宋时代特色的"宋韵"之真谛。

（作者单位：浙江大学亚洲文明研究院）

南宋时期的中日佛教文化交流

江 静

我国两宋时期，中央集权得到了空前加强。佛教在统治者限制、利用的政策下，发展稳定，并呈现出以下新的特点：大力宣扬忠君爱国的思想，世俗化程度进一步加强，在民间的影响不断扩大和深入；儒释道三教合一的思想成为主流，奠定了宋以后中国佛教的主要走向。在宗派佛教中，禅宗是这一时期最有影响的宗派，其中又以临济宗杨岐派最为兴盛。

佛教自6世纪前期传入日本后，发展迅速，至8世纪的奈良时代，国家佛教的地位已基本确立。到了9世纪的平安时代，传自唐朝的天台、真言两宗成为佛教主流宗派。进入11世纪，随着律令体制的瓦解，国家对佛教的控制力不断减弱，出现了拥有强大经济实力和武装力量的大寺院。到了12世纪，出现了由名门贵族子弟世袭寺院住职的所谓"门迹"寺院。贵族的思想、生活方式以及盘根错节的利害关系也被带入寺院，寺院生活走向世俗化，寺院、宗派之间的矛盾也进一步激化、复杂化。大寺院代表的"寺家"、贵族阶层代表的"公家"、武士阶层代表的"武家"三足鼎立，共同构成以天皇为中心的统治体制。

一、参与宋日佛教文化交流的各类人物及其主要活动

宋室南迁的最初三十年,中日交往比较沉寂,随着南宋政局的稳定,从对外贸易中给国家财政带来不少好处中,南宋统治者意识到,有必要加强对各国的友好往来。

从日本方面来说,在唐后期以来的很长时期内,禁止本国商人出海贸易,并限制宋商来航的状况,到1167年武家首领平清盛掌权后有了改变。他放弃了排外、锁国的方针,鼓励海外贸易,日本商人开始登上历史舞台。1192年掌握政权的镰仓幕府因对宋贸易带来的丰厚利润,也采取了支持鼓励海外贸易的态度。从此,宋日两国间的交流重新活跃起来,在此过程中,僧侣和商人是文化交流的主力军和媒介人,两国的官员及文人则扮演了支持者和助推者的角色。

1. 宋日文化交流的主力军:僧侣

中日僧侣往来开始较早。607年来华的日本遣隋使中,就有僧侣数十位,而遣唐使中的学问僧人数已达到百人上下。北宋时期,有名可考的入宋日僧就有32人。自南宋中期,也就是1192年镰仓幕府成立至南宋灭亡,入宋日僧人

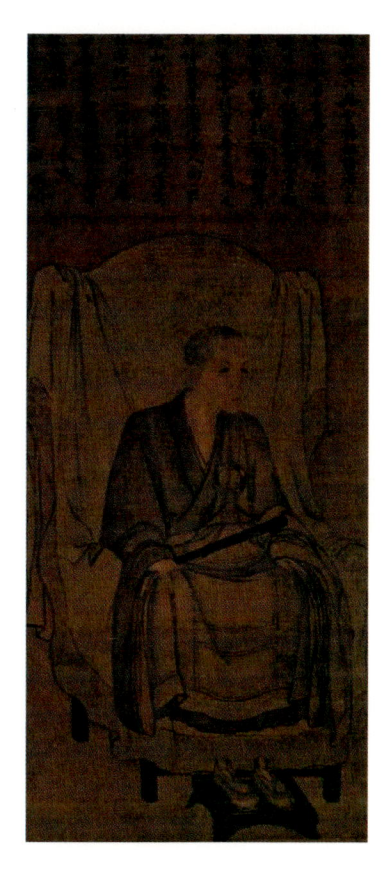

图1 兰溪道隆顶相
(镰仓建长寺藏)

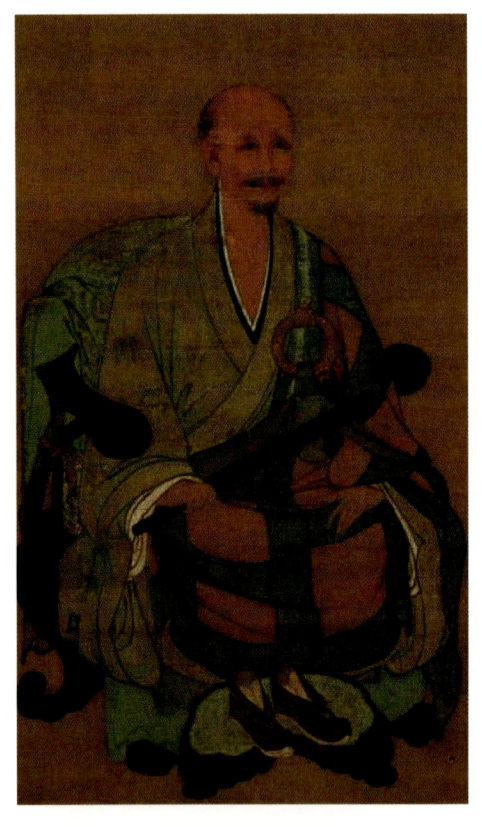

图 2 　无准师范顶相（京都东福寺藏）

数约有百余位。南宋时期，日僧入宋的最初目的是学习佛教戒律，以期改变日本佛教界纲纪不整、戒律崩坏的现状，促进僧团的健康发展。由于北方被金朝统治，他们活动的范围只能局限于禅宗文化极为发达的江南地区，于是，禅宗逐渐被日僧所了解和接受，并成为他们入宋求学的主要内容。此外，对宋朝文化的憧憬也是他们入宋的主要原因，他们行脚于名山大刹，精修佛法的同时，与南宋僧俗频繁交往，努力汲取宋朝的先进文化。

除了日本僧人来华，南宋晚期也开启了僧侣赴日的新高潮。754年鉴真僧团成功渡日之后，虽然也有个别僧侣东渡，但皆未成气候。自1246年宁波天童寺僧兰溪道隆（1213—1278）率弟子赴日后，至1279年天童寺首座无学祖元僧团东渡，有名可查的赴日僧包括6个批次的11位僧人。其中既有主动赴日者，也有应幕府之请东渡者，他们在南宋政权摇摇欲坠之际东渡日本，恐有躲避战乱，对前景感到悲观等原因，但是最主要的目的还是为了弘扬佛法，拓展禅宗传播的新天地。他们大多终老日本，受到幕府和朝廷的尊崇，在日地位高，影响大。

除了往来于宋日两国间的僧侣，还有许多未曾踏出国门，却扬名海外的宋代高僧。据日本学者玉村竹二统计，接受日僧参访的南宋高僧约有 40 位，其中，以无准师范、虚堂智愚在日本影响最大。

2. 宋日文化交流的支持者：幕府武士

南宋后期之所以有如此多的中日禅僧渡海，与镰仓幕府对禅宗的支持有很大的关系。禅宗受到幕府的青睐，主要基于以下三点原因：

其一，镰仓幕府建立后，需要培养代表武家政权的新佛教宗派，确立新的佛教体制，禅宗与传统宗派有很大的不同，其"护国爱国"思想也符合幕府的要求。

其二，出身平民阶层的武士在文化趣味上喜欢刚毅、勇猛、素朴之风，禅宗简洁明快、直截了当、无惧生死等理念与他们的追求比较一致，而且，与贵族化的旧佛教贪图私利、腐化堕落相反，禅僧淡泊寡欲、严守清规的行为深受武士们喜爱。

其三，禅宗强调"不藉经教，不借外求"，无需读经、简便易行的修行方式容易为文化程度不高的武士阶层所接受。

3. 宋日文化交流的助推者：文人士大夫

在宋代，三教合一思想已成为时代思潮，佛教的世俗化倾向进一步加深。僧侣们积极学习儒家文化，主动为统治者服务，不少高僧凭借出色的才智与广博的学识，获得皇家信奉和士人的接纳。与此同时，文人士大夫阶层颇为盛行禅悦之风，形成了独具特色的士大夫禅学。僧侣与文人间的交流成为一种时代风尚。在这种风尚的影响下，入宋的日本僧人也与宋朝文人士大夫有着比较频繁的往来，谈佛论道、切磋诗文。这不仅加深了两国人民间的友谊，也丰富了两国文化交流的形式和内容，加速了南宋文化的东传。

4. 宋日文化交流的媒介人：海商

自 840 年最后一批遣唐使回国，到明朝前期第一批遣明使来华，中日间的人员往来基本只能依靠商船进行，日益壮大的海商群体在以

图 3　入港宋商接受日本官员检查图

下三个方面促进了两国佛教文化的交流：一为僧侣往来提供交通便利；二为协助僧侣求法与弘法；三为助力两国文物、信息的传递。

商人积极参与两国的佛教交流，与他们的信仰不无关系。宋商多来自佛教信仰深厚的江浙一带，佛教是他们的精神支柱，他们需要佛菩萨保佑他们在异国他乡生意兴隆、平安顺遂。目前在日本考古发现的宋人遗物多与佛教有关，在一定程度上说明了他们佛教信仰深厚。

二、宋日文化交流的主要空间

1. 南宋方面

南宋时期，日僧入宋后基本是在今浙江境内活动，由于禅宗有遍参（指僧侣云水行脚，参遍天下之善知识，以增加自己见解，究明迷

图 4 《径山圣境》

图 5 灵隐寺大雄宝殿

图 6　天童寺全境

悟、实妄等生死大事。）的传统，日僧的活动地点并不固定，主要是在明州（今宁波）、杭州、台州等地的名山大寺行脚。嘉定年间（1208—1224），宋廷将当时规模最大、最具名望的 15 座禅宗寺院评定为五山、十刹两个等级。五山依次为径山寺、灵隐寺、天童寺、净慈寺和阿育王寺。十刹包括杭州的中天竺寺、明州的雪窦寺、天台的国清寺等。以上 8 座寺院是日僧在宋参学的主要寺院。

2. 日本方面

南宋赴日的海商和僧人大多是从今福冈市博多港上岸，经京都抵达幕府政权所在地镰仓（今神奈川县镰仓市）。因此，博多、京都和镰仓是南宋时期中日文化交流的主要阵地。

福冈市博多港面临博多湾，从 7 世纪初遣隋使时代开始，就是日本对外通航的重要口岸。11 世纪中叶以后，赴日宋商的住宿及贸易地点在今福冈市博多区一带，宋人长期居留于此，娶妻生子，形成了宋人聚居区——"宋人百堂"，也称"唐坊"，从事"住蕃贸易"。南宋时期，归国的日僧和东渡宋僧在博多一带建造禅寺，其中影响最大的是圣福寺（日本最早的禅宗寺院）、崇福寺、承天寺。这三座寺院既是中日文化交流的产物，也是来往于中日间的禅僧在博多活动的主要空间，更是日本接受中国文化的前沿阵地。

南宋时期，日本都城平安京（今京都）是传播南山律和临济禅的主要阵地。著名的寺院有泉涌寺、建仁寺、东福寺等。

1192年镰仓幕府成立后，镰仓就取代京都成为日本的政治中心。镰仓幕府自称是佛法的外护者，不仅向传统的佛教宗派示好，还试图建立以临济禅宗为核心的新佛教体制，建长寺、圆觉寺等禅宗寺院相继在镰仓建立，成为南宋文化在日本传播的中心。

图7　京都建仁寺

三、宋日佛教交流的作用和意义

1. 增进相互了解、加深彼此友谊、促进人员往来

在没有互派官使的情况下，僧侣在传递两国信息方面扮演着十分重要的角色。日僧在宋求学期间，大多得到南宋高僧的悉心指导；宋僧赴日后，也对日本信众亲切施教，彼此间结下了十分深厚的友谊。日僧归国之际，宋僧往往是以诗相赠，或言相遇妙缘，或乞来日再聚，或盼回国扬法，字里行间，情深意长。日僧归国后，也有不少人与南

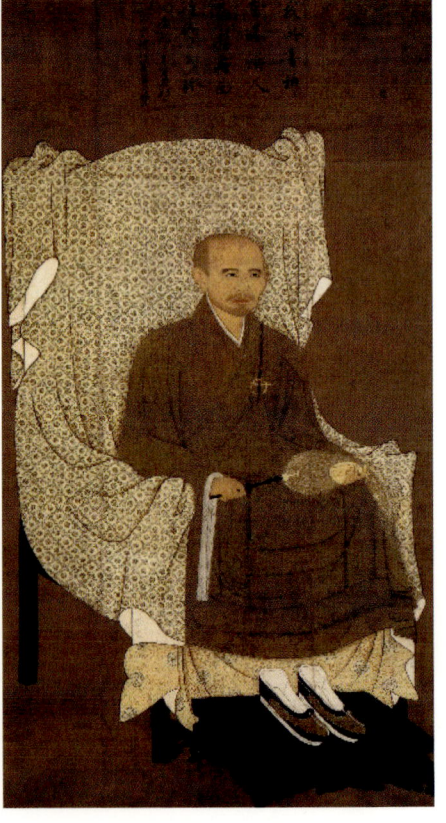

图8　圆尔顶相（京都东福寺藏）　　图9　俊芿律师像（京都泉涌寺藏）

宋师僧保持着密切的联系，相互支持，互致问候。

入宋僧与宋朝僧俗建立的人脉为日后两国的人员往来打下了良好的基础。目前已知的南宋时期入宋的 15 名律僧中，有 9 名为俊芿（日本律宗僧，1199 年渡宋）的弟子或法孙，而圆尔（日本禅僧，1235 年入宋，随径山寺无准师范学习临济禅宗）归国后，也常推荐自己的弟子入宋学习禅法，他开创的京都东福寺，早期的历届住持多有留学宋元的经历。

2. 促进两国书籍与文物的交流与传播

入宋日僧常常携带大量典籍归国。例如，1211 年回国的俊芿带回典籍 2 103 卷，其中近 800 卷为与佛教无关之外典。僧人东传的佛典中，有汉译佛经，也有著述类典籍。汉译佛经以密教经典为主，这与日本社会密教信仰盛行不无关系。著述类典籍是对佛教经典的注释讲义之书，以天台宗和禅宗典籍为主。与宋朝典籍大量东传日本不同，日本文献西传的记录极为少见，反映了两国文化交流的不对称性。

除了书籍，往来僧侣间的物品交流也颇为频繁，且种类丰富，数量繁多。例如，俊芿带回国的物品中，除了书籍，另有佛舍利三粒，普贤舍利一粒，十六罗汉二套三十二幅，南山灵芝真影各一幅等。

3. 对日本文化影响深远

入宋僧除了学习佛教，也兼学南宋的儒学、诗文、书法、绘画等，他们回国后，将璀璨的南宋文化移植到日本，对日本文化产生了深远的影响。

首先，为禅宗扎根日本打下了坚实的基础。

南宋之前，虽已有僧人陆续将禅宗传入日本，但影响十分微弱。随着荣西、道元等学习禅宗的入宋僧相继归国，特别是宋僧东渡以后，禅宗开始得到幕府的支持，迎来了快速发展的新时期。两国的渡海僧人至少在以下三个方面为禅宗扎根日本打下了坚实的基础：

一是创立禅宗寺院，为弘扬禅宗创造良好的空间环境与物质条件。自荣西于 1195 年在博多创建了日本第一座禅寺圣福寺后，博多、京都、镰仓等地相继出现了一批禅宗寺院。这些寺院大多得到了幕府、朝廷或上层武士的支持，发展得很快。

二是引进南宋禅林清规，为禅宗规范发展提供制度保障。入宋僧留学时间往往较长，对于宋代禅院的组织规程、禅僧的行为规范等谙熟于心。归国时，他们将《禅苑清规》带到日本，与东渡僧一起，结合日本的实际情况，建立起比较完整的禅林制度。

三是建立教团，培养子弟，为禅宗发展提供人才资源。从 1191 年荣西将临济宗传至日本，到 1351 年元僧东陵永玙赴日，160 年间，日本形成的禅宗流派共有 24 支。其中，由入宋僧和赴日宋僧开创的流派有 12 支，这些流派培养了大批杰出的子弟。

其次，将宋学传入日本，奠定了江户时代朱子学兴盛的基础。

经过唐宋之际的儒学复兴运动，宋代士大夫重新建构了一个能够"明体达用"的"新儒学"，也就是所谓的"宋学"。南宋中后期，出现了不少通晓宋学的禅宗高僧，儒家学者中也多好禅研佛之人，佛学化倾向明显。在此背景之下，入宋日僧有很多机会与宋学接触，并将之传到日本。

在两国渡海禅僧的共同努力下，日本禅林研学、讲读宋学渐成风气，宋学成为绝大多数禅僧的必修教养。受此影响，14 世纪中期以后，儒学重新受到以天皇为代表的上层社会的重视。至 17 世纪初江户时代，宋学开始取代佛教成为占统治地位的国家意识形态，并且逐渐融合神道，成为国民生活的指导原理，发挥着教化机能的作用。

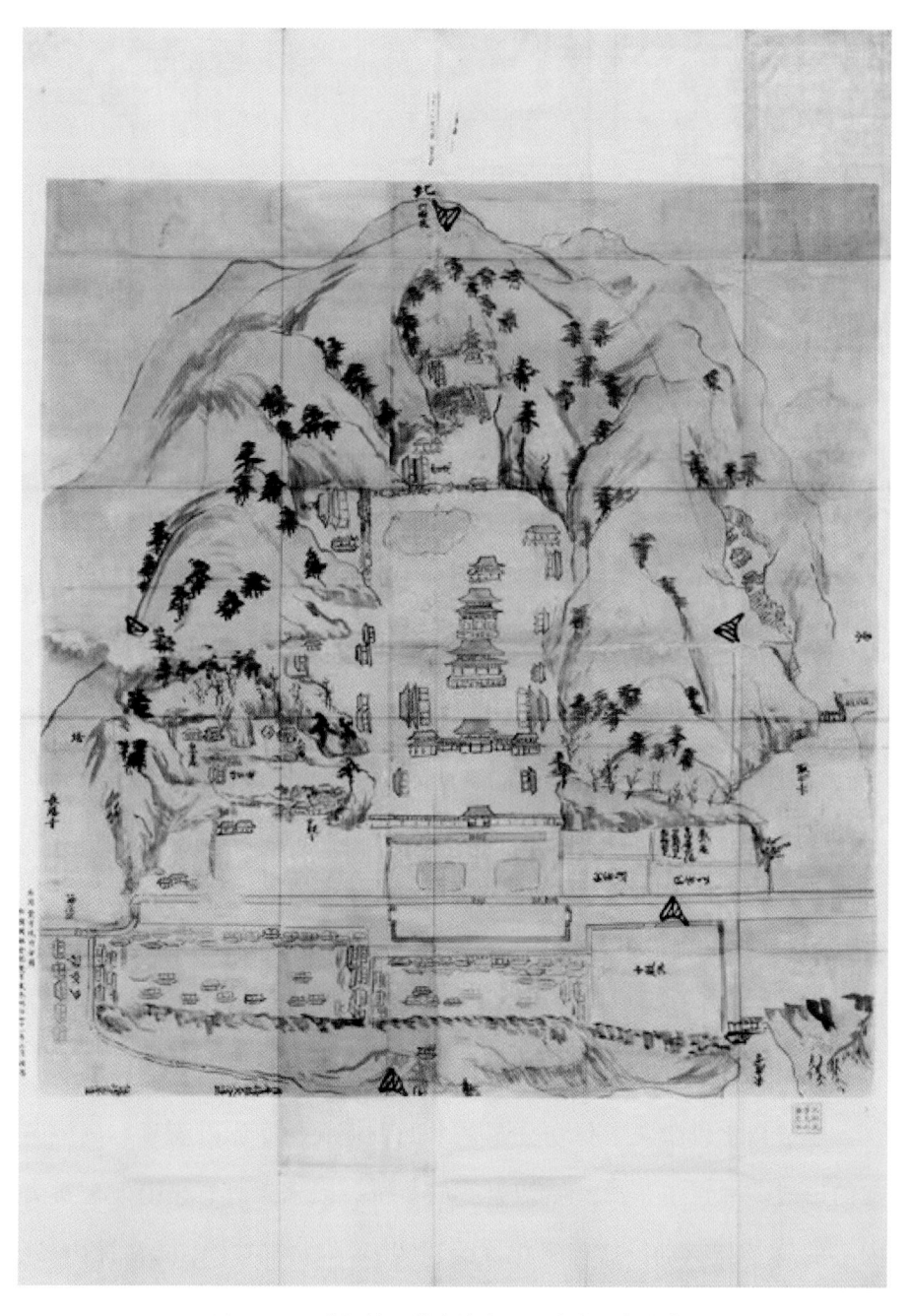

图 10　14 世纪绘圆觉寺境内图（镰仓圆觉寺藏）

第三，催生出日本的五山文学，为日本汉文学的发展注入了新的活力。

南宋时期，文学才能成为世俗社会及禅门内部对禅僧进行评价的重要标准，于是，以五山禅寺为中心，涌现出了一批擅长诗文创作的文学僧，他们留下了大量体裁多样、内容丰富的文学作品，南宋"五山文学"出现了异彩纷呈的繁荣景象。如前所述，南宋时期的入宋僧与渡日僧与江浙一带的五山寺院渊源颇深，于是，南宋的"五山文学"就被往来的中日僧侣传到日本。

从整个日本汉文学史来看，镰仓时代初期正是日本汉文学萎靡不振之时，南宋禅文学的东传为日本汉文学注入了新的活力，上承平安时代汉文学之余绪，下启江户时代汉文学高峰的五山汉文学时代由此拉开序幕。

第四，培养了具有"禅味"气质的日本文化。

（1）建筑、庭园文化

两国僧侣将"大佛样"和"禅宗样"的建筑样式传入东瀛，影响了日本的建筑技术和建筑风格。"大佛样"是江南、福建一带民居的建筑样式，最早由日本僧重源传到日本。虽然在日本流传时间并不长，但是，其结构与装饰方面的特色一直影响着后代的寺院建筑。"禅宗样"是江南禅寺的建筑风格，为日本禅宗寺院所继承。

禅宗文化也激发了日本庭园艺术的创作灵感，影响着日本庭园艺术的形成。禅宗主张抛开一切繁冗的装饰，以抽象写意来引发观赏者内心的思考与感动，这种思想成为后世日本庭园艺术中的精神内核。室町时期庭园样式更趋于写意性、象征性和抽象性，以至发展到石庭、枯山水等极端形式，直接影响了今天日本庭园艺术的走向。

（2）书法、绘画艺术

北宋中后期出现的尚意书法，以苏轼、黄庭坚为代表，奔放洒脱、率直天真，直接影响了渡海僧的书法创作。例如，荣西的《盂兰盆缘起》仿黄庭坚的笔法，气韵轻松自如、怡然自得。无学祖元的书法或豪爽明快，或天真烂漫，颇能体现"尚意"书风放逸的性格。往来于两国间的中日禅僧还将大量宋代高僧的墨迹带到日本。这一切，使当时沉滞靡弱的日本书坛呈现出新的生机。同时也形成了与日本传统书法风格迥异的流派——禅宗墨迹。禅宗墨迹的作者为禅僧，内容多与禅宗有关，在书风上崇尚简洁、孤高、幽玄、脱俗，是日本中世书坛的主流。

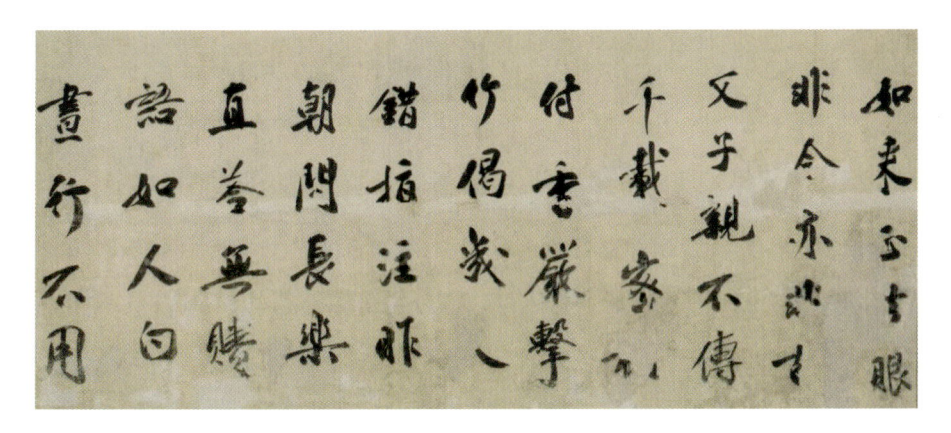

图11 无学祖元墨迹（京都相国寺藏）

南宋绘画对日本室町时代的绘画影响很大，主要表现在勃兴了被称为"汉画"的新绘画样式。这一样式与传统样式"大和绘"不同，以水墨画为中心，包括顶相（禅僧肖像画）、道释（以禅宗为核心的宗教画）、山水、花鸟等画科，是室町时代绘画的主流。

日本的"汉画"受到以马远、夏圭、梁楷为代表的南宋画家的深刻影响，然而，最受日本人喜欢的画家却是在中国不为人所重的禅僧牧溪（1207—1291），他被日本文学大师川端康成奉为"日本画道大恩人"。牧溪系无准师范弟子，1256年以后住持西湖边的六通寺。牧溪的作品柔和风趣，富有禅机，非常符合日本人的纤细感觉。其画风被日本画师争相模仿，后者还将牧溪的画技与狩野永德的障壁画相结合，创造出日本式的水墨画。

（3）茶道、饮食文化

南宋时，禅院茶会已成为禅僧修持和丛林生活的重要组成部分。长年在宋的日僧不仅养成了饮茶的习惯，学会了种茶制茶的技术，也掌握了与茶有关的各种仪礼规范。他们与东渡的宋僧一起，将茶树茶籽、茶书茶具、饮茶习俗、制茶点茶技术及各种茶礼带到了日本，在以下三个方面影响了日本茶文化的发展。

图12　牧溪《龙虎图》（东京国立博物馆藏）

首先，推动了茶饮之事在日本的重兴。虽然在9世纪初唐朝的饮茶习俗已传到日本，但并未流传太久。直到入宋僧陆续归国，他们播茶籽、著茶书、饮茶汤、作茶诗、行茶礼，饮茶文化才重新在日本流行起来。

其次，奠定了日本茶礼的基础。日本茶礼包括寺院茶礼和民间茶道礼法。前者以今天依然在日本禅寺举行的"四头茶会"为代表，所用茶器、点茶方法、流程仪轨为南宋禅寺茶筵的延续。民间茶道中的抹茶道流程仪轨源自寺院茶礼。

图 13　京都建仁寺四头茶会

最后，决定了日本茶道的精神。日本茶道在禅宗思想指导下确立了"和敬清寂"的精神，实现了禅宗思想的艺术性表现。

禅宗东传对日本饮食文化的影响也很大。日本素食文化的代表"精进料理"开始于道元创立的曹洞宗寺院。道元仿照南宋禅林清规制定的《典座教训》，对烹调方法、程序、材料等做了明确的要求和规定。此后，随着"精进料理"逐渐走出寺院，原产于中国的豆腐、纳豆、麸、魔芋等食品也开始受到一般民众的欢迎，日本的饮食文化变得更为丰富多彩。

（4）印刷、医学技术

宋代是印刷业迅猛发展的时代。入宋僧活动的两浙地区，刻书业十分发达，"浙刻本"字体方整秀丽，刻工刀法细腻圆润，为后世所崇尚。往来的中日僧侣不仅将大量的宋刊本传到日本，而且积极投入到日本禅籍的刊刻事业中，直接推动了日本禅林雕版印刷事业的发展。

东渡僧和入宋僧中皆有不少通晓医术之人，他们将宋朝先进的医术和医书传到日本，促进了日本医术的进步和医学典籍的编纂。

综上所述，以禅的东传为契机，以禅宗文化为载体传入日本的南宋文化，在与日本文化融合的过程中，无论是外在表现，还是内在精神，都不同程度地受到了"禅"的影响，体现了"禅的理念"。伴随着元明时期僧侣的频繁往来，"尚禅""悦禅"之风在主导文化构建的上层武士阶层愈演愈烈，促使日本中世（13—16世纪）文化在形成与发展过程中不同程度地打上了"禅"的烙印，影响了日本文化中"简朴、枯淡、闲寂、恬静"气质的形成。

小　结

与此前的各个时代相比，南宋时期的中日文化交流呈现出独具特色的新态势与新走向，主要表现在以下三个方面：

其一，民间交流几乎成为唯一的交流渠道。南宋之前的日本使者往往有日本朝廷的授意和支持，他们以僧侣的身份，扮演着非正式国信使的角色，不仅得到了宋朝皇帝的接见，还享受着国家使节的待遇。到了南宋时期，这种遮遮掩掩的半官方交往形态已荡然无存，两国间的直接交流只存在于民间。

其二，以禅宗为载体，交流内容涉及文化的多个方面。日本旧佛教的堕落以及新上台的武士政权对新佛教的渴求，促使这一时期来华学禅的日僧人数激增。伴随着两国僧侣传禅、弘禅活动的展开，南宋文化在日本得以广泛传播，影响了日本中世文化的形成与发展。

其三，僧侣往来出现双向流动的新局面，但两国的文化关系呈现出"一边倒"的非对称态势。北宋时期的日本，通过对唐朝文化长期的消化和吸收，处于民族文化繁荣的时期，汲取中国文化的热情较低，同时，也在一定程度上具备了向中国输出文化的自觉和能力。到了南宋时期，日本的武士阶级掌握了政权，构建不同于贵族文化的新文化成为历史的必然，日本再次进入主动汲取中国文化的重要时期。繁荣的南宋文化深刻地影响了日本文化的方方面面，而日本文化对南宋文化影响甚微。

总之，南宋时期的中日交流不仅帮助我们深入理解当今东亚世界文化的同质性与异质性，也为今日中国实现文化自信提供了丰富的历史素材，为文明交流、文明互鉴和文明共存提供了有益的思路和探索路径。

附：图版来源一览表

序号	题　名	图片来源
图1	兰溪道隆顶相	别册太阳编集部编《别册太陽 禅》（平凡社，1980年）
图2	无准师范顶相	梶谷亮治编《日本の美術388 僧侣の肖像》（至文堂，1998年）
图3	入港宋商接受日本官员检查图	兵库县立考古博物馆官网
图4	《径山圣境》	中国美术学院高贤明绘，径山寺提供。
图5	灵隐寺大雄宝殿	笔者摄
图6	天童寺全境	天童寺释崇和摄
图7	京都建仁寺	笔者摄
图8	圆尔顶相	东京国立博物馆、九州国立博物馆、日本经济新闻社编《京都五山 禅の文化》展　足利义满六百年御忌记念》（日本经济新闻社，2007年）

续 表

序号	题 名	图 片 来 源
图 9	俊芿律师像	东京国立文化财研究所编《日本絵画史年紀資料集成 十世紀—十四世紀》（中央公论美术出版，1984年）
图 10	14世纪绘圆觉寺境内图	东京大学史料编纂所官网
图 11	无学祖元墨迹	田山方南编《禅林墨迹 下》（思文阁，1981年）
图 12	牧溪《龙虎图》	国立文化財機構所蔵品統合検索システム官网
图 13	京都建仁寺四头茶会	浙江工商大学悟灯摄

（作者单位：浙江工商大学东亚研究院）

南宋画风影响日本绘画事例举隅

陈　野

中国山水画发展至南宋，继承晋唐传统，又自开新风，形成以宫廷绘画为主流、以山水画和历史题材绘画为突出成就的时代特征，独具魅力，被后世誉为中国古代绘画史上的艺术高峰。其中，禅逸、水墨、简笔、诗意等南宋画风，随着中日贸易和文化传播而传入日本，对日本的绘画风格、宗教艺术和文化风尚产生重大影响，流绪绵长。

学习、借鉴和吸纳中国文化，是日本文化发展中的重要主题。日本派出遣唐使赴中国学习，是中日文化交流史上的一大盛事。两宋时期，随海外贸易交流而赴中国学习的日本僧人络绎不绝。如日本临济宗之祖荣西（1141—1215）入宋，就带走大量南宋画作，对日本绘画发展起到促进作用。至明代，交流更趋频繁，互鉴交融进一步加深，绘画即是重要领域之一。其中，日本的镰仓时代（1185—1333）和室町时代（1336—1573），是深受南宋画风影响的两个重要时期。

一、别开新境的南宋绘画

南宋建都临安（浙江杭州），宫廷画院沿袭北宋旧制，宣和画院的李唐、萧照、李安忠、张择端、马兴祖、苏汉臣、朱锐等画家从北方流徙至此。人才的集中为南宋绘画发展提供优越条件，绘画艺术高度发达。在宫廷时尚的衡量法度下，院体成为绘画主流，山水、人物、花鸟等各类绘画都出现新气象。

山水画是南宋绘画发展的重要门类和所取得的重要成就，以"南宋四家"李唐、刘松年、马远、夏圭为代表的南宋画院院体山水画，在取材、结构、笔墨、风格上俱开新境。四位画家各有艺术个性，也具相似特征。总体而言，在画面构图上，进一步摆脱五代北宋时期主山堂堂的全景式布局，而以简约空灵的"半山""一角"等截景山水为主；在笔墨技巧上，创新大小斧劈皴，以清刚劲健、健笔皴擦画风为尚；在设色渲染上，舍金碧辉煌的青绿山水而多作淋漓水墨；在审美风格上，着意表现富有感情色彩和浓郁诗意的山水形象；在画史地位上，"山水，大小李一变也；荆、关、董、巨一变也，刘、李、马、夏又一变也"，对后世众多山水画家产生深刻影响。画院之外，承继北宋米芾"云山墨戏"的米友仁等山水作品，自有新格。以赵伯驹、赵伯骕为代表的青绿山水，也盛极一时。法常等僧人以寥寥笔墨画山川、花木、鸟禽，形简神备，洒脱自然，栩栩如生，颇具个人创意。

南宋人物画题材范围更加扩大，侍女、圣贤、僧道之外，画田家、渔户、山樵、村牧、行旅、婴戏题材者甚多。尤其值得注意的是，历史题材的创作十分多见，这与南宋的政治格局和社会现实紧密相关。风俗题材作品的大量出现，直接起因于宋代城乡商业经济的空前发展。此外，梁楷作水墨简笔人物，具创新精神，为画史所重。花鸟作品虽然在不同时期各有特点，但总体上开始摆脱北宋过分严格的写实要求。扬补之的墨梅、赵孟坚的水仙兰花，都为世所重。时至今日仍被画家看重的梅、兰、竹、菊，在南宋时已基本成为固定的绘画题材。

特别具有南宋时代特色的绘画史实是，由于南宋定都杭州以及杭州西湖的美丽曼妙，使得西湖绘画成为特殊的创作现象，为南宋绘画史增添了清丽婉约的诗意内涵，也为南宋禅逸画风的产生提供基础条件。

南宋绘画从题材、主题、技法、风格、意境等众多方面，对日本绘画影响至深，从惜墨如金的禅逸画风、诗意盎然的水墨意境、工笔写生的绘制技法等对日本绘画的影响中，颇可见借鉴和交融之历史影像，在中日文化交流史上留下重要史迹，堪称绝代风华。

二、南宋禅逸画风东传日本

南宋时期，出现以减笔作画、惜墨如金、不拘成法、意在墨戏自娱的绘画风格，题材涉及人物、花鸟和山水，创作者主要为僧侣画家及与之关系密切的画院画家，著名的有僧梵隆、僧法常、僧玉涧、僧萝窗以及梁楷等人。画史上一般认为这是受禅宗思想影响而产生的绘画风格，故称之为禅逸画风，或径名之为禅画。这种禅逸画风在中日文化交流史上影响深远，体现了中国绘画及其蕴含的中华文明东传日本的重要历史轨迹。

1. 以法常等为代表的南宋禅逸画风

南宋禅逸画风产生于南宋早期，到宋元之交逐渐衰微。大致分为三个阶段，早期以梵隆和智融两位高僧为代表，中期有梁楷，至宋末元初的法常而臻于大成。现以法常和玉涧为例，对南宋禅逸画风略作简介。

僧法常，号牧溪，南宋理宗、度宗时，居住于杭州西湖边的长庆寺，是一位画史上十分著名、风格特异的画僧。有关他的生平事迹，在元代吴太素的《松斋梅谱》里有较详细的记述："僧法常……一日造语伤贾似道，广捕，而避罪于越丘氏家。所作甚多……后世变事释，圆寂于至元间。江南士大夫处今存遗迹，竹差少，芦雁亦多赝本，今存遗像在武林长相寺中。"

就法常的绘画艺术而言，元夏文彦《图绘宝鉴》的记载是："喜画龙、虎、猿、鹤、芦雁、山水、树石、人物，皆随笔点墨而成，意思简当，不费妆饰。但粗恶无古法，诚非雅玩。"宋末元初庄肃《画继补遗》的记载大体相似："善作龙、虎、人物、芦雁、杂画，枯淡山野，诚非雅玩，仅可僧房道舍，以助清幽耳。"总的评价都不高。但《松斋梅谱》却有不同的看法："喜画龙、虎、猿、鹤、禽鸟、山水、树石、人物。不曾设色，多用蔗渣、草汁，又皆随笔点墨而成，意思简当，不费妆缀。松竹梅兰，不具形似；鹭荷、芦雁，俱有高致。"可见法常的绘画，是一种笔墨简率粗放、颇具个人创意的新型绘画。结合法常的作品来看，多以简洁写意的笔墨取胜，皴染兼用，笔墨滋润。画面都只寥寥数笔，却以精到的笔墨画出花木鸟禽的形象，洒脱自然，栩栩如生。明代著名画家沈周称其画"不施彩色，任意墨渖，俨然若生，回视黄筌、舜举之流风斯下矣"，明代著名鉴藏家项元汴认为"其状物写生，殆出天巧，不惟肖似形类，并得其意"，都给予极高评价。明清花鸟画家沈周、陈淳、徐渭、朱耷，都受到他的影响。

今日可见的法常作品，较多的是罗汉、观音以及龙、虎、猿、鹤、芦雁等动物图，山水作品有收藏在日本的传为法常所作的《潇湘八景图》卷以及人物、动物图上的山水背景等。《潇湘八景图》用笔草草，画面清逸空灵。《观音图》(《观音猿鹤图三幅》之中幅) 中的山水背景表现得相对较为写实，用长线条勾写山石轮廓，皴染兼施表现山石的质感和体量。《罗汉图》中的山石或用线条勾写，或用水墨渲染，树丛杂草用笔草草渍点。《猿图》中的树干放笔挥扫，树叶淡笔点戳，皆纵逸草草。

僧玉涧也是一位对日本绘画产生重要影响的画家。玉涧法名若芬，玉涧是其号。俗姓曹，字仲石，婺州（今属浙江）人。9岁时于宝峰院剃度为僧，曾居临安天竺寺，又遍游诸方，摹写云山以寓意。善画墨梅墨竹，后专意于山水，加之书法的独特面貌，被时人称为三绝，与僧法常同为宋末著名画僧。性情率真，不务虚名。他声名日盛，求画者渐多，他对此颇不以为然，说："世间宜假不宜真，如钱塘八月潮，西湖雪后诸峰，极天下伟观，二三子当面蹉过，却求玩道人数点残墨，何耶？"遂归老家山。在古涧侧流苍壁的胜景之间构筑一亭，题匾名为"玉涧"，并以此为号。又面对芙蓉峰建阁，自号"芙蓉峰主"。

玉涧的山水画尚有《庐山图》《山市晴岚图》《远浦归帆图》等为日本所珍藏，其画多作水墨，是法常、梁楷一路的画风。作画不拘于琐碎细节，而以水墨大笔挥洒，不以形似为上，而以寄情寓意为胜，形简意备，与其洒脱的个性十分相符。

南宋玉涧《山市晴岚图》，日本东京出光美术馆藏

南宋玉涧《庐山图》，日本冈山县立美术馆藏

2. 南宋禅逸画风对日本的影响例介

美国艺术史家高居翰认为，早期中国绘画流入日本主要有两次浪潮，作品以"宋元画"为主的是第一次，称为"古渡"（kowatari），主要发生在12—14世纪间，大部分作品可粗略地归于"Sōgenga"，特指当时日本僧人、幕府将军之属所赏识并收藏的中国绘画。"古渡"浪潮又可分两个阶段。第一阶段从12世纪晚期持续至13、14世纪而渐臻高峰。当时，日本禅宗和其他宗派的僧人在中国南方的名刹中求法，也有中国僧侣赴日本传道。宋元时期就有250多名日本僧人游学中国，平均留驻10~15年；此期间大约有十多名中国僧人东渡日本。由这些中日僧侣携至日本的部分绘画，为传统宗教性质的道释画（dōshakuga），如禅师肖像和佛道教题材的人物画像。（高居翰《早期中国画在日本：一个他者之见》）

僧众之间的交往是中日文化交流的重要路径。到访中国的日本僧人，将中国的佛像画和充满禅意的水墨画带入日本，南宋禅逸画风随

之对日本画坛产生影响，促进了日本禅宗绘画的发展。

法常作品流传在日本的很多，其画风对日本产生重大影响。法常是南宋高僧无准禅师的"法嗣"，他和当时日本派来中国学佛法的圣一国师是同门。圣一在宋理宗淳祐元年（1241）回国时带去法常的作品《观音图》《猿》《鹤》，至今仍珍藏在东京大德寺，被称为"国宝"，法常也被评为"日本画道的大恩人"。玉涧的作品和梁楷、法常一样，也是很早就传入日本，对日本绘画产生很大影响。

在画家创作方面，日本画坛受禅画影响的画家众多。大巧如拙、默庵灵渊、可翁宗然、雪舟等杨等，都画过此类画作。例如，如拙之画以法常、玉涧为师，被称为日本水墨画初期的"伟大先锋"。作品《瓢鲇图》以禅宗公案为题材，表达玄奥禅理。画面绘一男子在清旷淡远的山间，立于芦草离离的河渚之上，以水瓢捕捉河中鲇鱼。水流蜿蜒，秀竹疏落，一片清幽之景。画面上方有玉畹梵芳等人题跋，呼应画作主旨。此种诗画并存的画面形式，是中国诗画融合绘画样式的体现，也可见其时日本诗画轴的面貌。

又如，默庵灵渊追慕牧溪，在中国被称为"牧溪再来"，代表作《四睡图》等皆是简笔禅画的风格。能阿弥的《白衣观音图》运笔为牧溪风格，线

日本大巧如拙《瓢鲇图》，日本京都退藏院藏

条硬挺而严谨。

此外，在绘画题材上，观音、龙、虎、猿、鹤、禽、鸟等禅画主题与图式，代有传续，形成禅画标志鲜明的独特面貌。

三、南宋院体山水画对日本水墨画的影响

诗中有画、画中有诗、诗画融合而至诗意境界，是中国绘画的主要特征和重要成就。自王维至苏轼，都对此极力倡导，诗画同源、诗画一律、诗画合一等相应观点在画史上备受关注、推崇，影响深远。元代以降，诗书画印合一成为文人画的典型样式和表征。

画史上论述诗画融合，一般都聚焦于文人画传统，将诗书画印合一视为文人画的典型特征。然而实际上，在以"南宋四家"为代表的南宋画院院体山水画中，可见大量蕴含浓郁诗意的作品，体现出融于构图、笔墨等形式语言本质层面的诗画融合境界，由内而外地散发出中国古典绘画艺术的民族特征。

日本水墨画起步于镰仓时代，内涵丰富，流绪绵长，发展脉络清晰可寻。中国绘画的影响、"汉画"与"大和绘"的交流交融、日本画家的自创新格，都是其中非常显著的现象。室町时代，在宋元尤其是南宋绘画影响下，日本水墨画渐趋成熟，出现大巧如拙、吉山明兆、能阿弥、天章周文、雪舟等杨、长谷川等伯以及狩野派中的狩野正信、狩野元信等众多绘画大师。他们积极学习南宋画风，又结合本国传统，传承有序，融合会通，形成了室町时代的诗意水墨画派。

1. 南宋院体山水画的诗意内涵

南宋院体山水画中，有大量诗画融合、饱含浓郁诗意内涵的佳作，

并体现出具有艺术本质特征的境界。即以西湖题材的山水画而言，在南宋宫廷画师的画作中，西湖山水的清灵淡定、阴柔秀媚，孕育出一种风雅精致的贵族趣味和充分传达个人思绪与主观感受的盎然诗意。在刘松年的《四景山水图》、马远的《踏歌图》、夏圭的《西湖柳艇图》《溪山清远图》（有观点认为非夏圭之作）等作品中，都可以明显感受到这种浓郁的诗意境界。

南宋院体山水画的诗意，来自两宋皇室的艺术修养和审美趣味、着意追寻与表达诗意的画院传统、强调诗画融合的时代文化风尚、江南山川的诗意体味和诗化表达等众多方面，际会了历史传承、时代风尚和山川形胜的综合涵育。

其中，宫廷画师的艺术造诣是最为内在的决定因素。例如，马远的绘画艺术创造具有十分鲜明的个人风格，而浓郁的诗意则是他最大的特点。含蓄空灵而得意韵，是马远画境中的诗意内涵，也是这诗意芳菲永驻的因由。这种扑面而来的诗意，生发于画中山石溪涧的清幽、云烟山岚的朦胧、峭峰直立的清刚、汀渚坡岸的萦洄，疏枝横斜的老梅、简淡清远的山月、寒江独钓的渔人、水暖知春的野凫、山径春行的闲适、松下闲吟的从容、举杯对月的雅兴、踏歌而行的欢乐。所有的这一切，从马远的边角之景和清健的线条、劲爽的皴擦、淋漓的水墨和空灵的画面中款款漫溢而出，无穷无尽地历上千年的时光而不息，至今滋润着人们的眼睛和心灵，散发着艺术的馨香和光辉。

画境中的诗意内涵是创作者至情至性的主观感受的自然流露。画家在有限的画面空间里，高度提炼自然山水中的素材，借助自己的想象，加以抒情性的表现，升华到诗意的境界。在马远的画中，我们可以感受到他十分强烈的主观情绪，劲爽的线条、方硬的块石、遒曲的梅枝、迷漫的云烟、空蒙的山色、大片的留白，在他的笔下流泻而出，精心的构思和造景之中，抒发出作者独特的感受和情感，情境相通、形神兼备，极富独特的艺术创造力和表现力，令人过目难忘。

诗意表达上的一个十分重要的手法在于内容剪裁。马远高度概括和提炼自然山川中的景致加以重点描绘，以主次分明、简括明净的布局格式，契合了江南山水山清水秀、烟雨迷蒙、简淡悠远等自然景物的内容表达，蕴涵了无限清旷、空灵的诗意。这种诗意的表达，在马远的山水画中还体现为突出的文学化的、精致优雅的意境追求，体现为画家对形式美的着意表现。马远《梅石溪凫图》《寒江独钓图》《山径春行图》《松下吟诗图》等作品，都是笔墨技巧工致、构图精妙简括、画面含蓄有致、意境空灵简妙之作，富于艺术形式上的美感。马远绘画中浓郁的诗意，成为他艺术风格的一个显著的特色，从中可见其深厚的文化修养和艺术造诣。

2. 南宋院体山水画对日本水墨画的影响

据高居翰的研究，在"古渡"浪潮的第二阶段，室町时代早期的足利幕府，尤其是第一任将军足利尊氏和第三任将军足利义满以极大热情致力于中国画收藏，主要通过寺院以及重新恢复了的中日贸易获取藏品。在此阶段，特定的宫廷画院中的大师名家之作更受青睐。（高居翰《早期中国画在日本：一个他者之见》）

诗意浓郁的南宋院体绘画风格对日本画家产生巨大影响，宫廷画家的作品在日本受到高度珍视和广为收藏。与李唐、刘松年在南宋和古代绘画史上具有重要地位略有不同，日本画坛更看重和喜欢马远、夏圭一角半边构图、清刚劲健线条、大斧劈皴块石、淡远空蒙山色、大片留白虚境、清旷空灵境界的作品，夏圭尤其受到推崇。今天可见的马远、夏圭作品或被称为马远、夏圭创作的作品，有不少都收藏在日本，例如马远的《寒江独钓图》，夏圭的《山水图》(传)、《湖畔幽居图》(传)等。

南宋院体水墨画对日本画坛的影响广泛而又持久，限于篇幅，本文仅取几位主要画家做择要简介。

大巧如拙的弟子、画僧天章周文，为室町时代幕府御用画师。他充分吸取南宋院体山水画风，又自开新格，作品有《四季山水图》（屏风)、《竹斋读书图》等，是日本水墨画的重要代表人物。所作《四季山水图》，综合取用马远"一角"、夏圭"半边"构图之法，又有自己的构图特色。实景相对集中于画幅左边与左下、右下两角，而以开阔河流和渐渐远去的淡山，构成画幅右半的大片留白，既显天地开阔，也予人寄托浩渺思绪的空间。

日本天章周文《四季山水图》，日本东京国立博物馆藏

今传为周文所作的《蜀山图》，从画面布局、笔墨技法和山水意境等多个方面，均可看出对马远画风的全面学习、借鉴以及得心应手的表现。画面中的挺拔山峰、大片留白、氤氲山岚、拖枝树法，都可从马远的《踏歌图》中找到周文所依之本，看到他对院体画风的借鉴、传承甚至复制式的运用。

南宋马远《踏歌图》故宫博物院藏　　日本天章周文《蜀山图》(传),日本京都静嘉堂藏

雪舟等杨是周文的高足,室町时代的水墨画家。曾赴中国游历山川,学习宋元山水绘法。回国后开设"天开图画楼",创作水墨山水画,传播宋画风格,在日本水墨画的发展史上,地位重要。

雪舟善于临摹李唐、马远、夏圭、梁楷、牧溪、玉涧等南宋名家作品,有《仿李唐牧牛图》《仿夏珪山水图》《仿梁楷黄初平图》《仿玉涧山水图》等作品,可见其绘画生涯与南宋山水画的密切关系、他对南宋绘画技法的喜爱和重视,也可见其高超的笔墨水平。

《四季山水图》是雪舟晚年创作的一幅山水画长卷巨作,画幅长达16米。此画从画幅形制、创作动机和绘画技法等方面,都与南宋宫廷画家夏圭十分贴近。

日本雪舟等杨《四景山水图卷》(局部），日本东京国立博物馆藏

就其创作意图而言，雪舟创作此画之时，"正是山口大内氏意气风发的一年，举行了包括大内政弘之子龟童丸的继承式等一系列改治及宗教仪式。雪舟审时度势，以此长卷敬献主公大内政弘，意在表贺其管辖下的治世昌平。此图卷看似一幅山水，画作背后却有其现实指向和权力象征意义，可以理解为是一种'江山万里图'"。（漆麟《馆中窥事：透过美术馆看日本》）体现出超越作品艺术本性的思虑与考量。

创作卷帙长达数米的山水画作品，是夏圭的一个十分鲜明的特色。他创作的著名长卷作品有《溪山清远图》《长江万里图》《山水十二景卷》《溪山无尽图》等，都是数丈长的巨幅，如《溪山清远图》长近9米。画幅中，自然山水连绵展开，人文景象错落点缀，景物裁剪有致，构图简括清旷，意趣丰盈，气韵悠长，境界空灵。长江一直是中国绘画表现的重要题材，具有特殊象征意义。南宋时期，更因江山半壁的王朝局势而被赋予更多政治内涵。夏圭也画过《万里长江图》，后人评论中对其创作动机也多有深究，赋予其与时局紧密相关的政治意图。

南宋夏圭《溪山清远图》（局部），台北故宫博物院藏

例如明代鉴藏家汪砢玉在《珊瑚网》就记道："宋室倚长江为汤池，故当时画手多喜为之，卒不能守而铁骑飞渡矣，乃相与为之浩叹。"同样是从超越艺术价值的角度考量夏圭之作的丰富意蕴。在绘画技法上，夏圭所作，构图布局颇具章法，"上下互见，前后相照，高低远近、深浅小大、隐显纡直、夷险静躁各得其宜，类不失一，而意趣之妙能使观者神游，真所谓奇作"（［明］张宁《方洲集》卷二一）。大多取"半边"式的布局，以丰、密、浓的"实景"，衬托出简、疏、淡的"虚境"，营造并着意烘托出平远清旷、意蕴含蓄的无限韵致。就技法而言，夏圭笔法精严，水墨淋漓。画坡石大小斧劈皴和拖泥带水皴间用，先用湿笔淡墨晕染，然后干笔、湿笔巧妙对比运用、逐层加重。树干树叶多随意点画，生动活泼。点景人物神态生动，楼阁、舟船信手勾画而成。在雪舟的这幅长卷中，明显可见夏圭式的技法和风格，体现出同样不凡的艺术功力。

狩野派规模大，传承久，在日本绘画史上占有重要地位。其绘画创作受南宋院体画风影响，并结合日本"大和绘"装饰风格，发展出具有日本特色的绘画流派。狩野派奠基人狩野正信是足利幕府御用画家，作品受南宋院体画风影响深刻。其所画雪景，与夏圭的《雪堂客话图》，颇具异曲同工之妙。同时，也可从中看到马远《寒江独钓图》

的意境。

南宋院体山水画风的影响,至江户时代(1603—1868)仍可见其余绪。此一时期画家狩野荣信的《摹马麟夕阳秋色图》,以南宋宋理宗时期的宫廷画家马麟的《夕阳秋色图》为本,临摹而成。画中的唐人诗意题材、半边构图布局、水墨山水和树枝画法,均是南宋院体山水画的典型风格。

其他如狩野元信、狩野探幽、狩野养信等狩野派画家,在各自的艺术创作和艺术风格形成过程中,也都从南宋院体山水画风中借鉴、吸纳艺术元素。

南宋马麟《夕阳秋色图》,日本根津美术馆藏

四、日本文献著录中的南宋绘画作品

在日本的《佛日庵公物目录》《荫凉轩目录》《御物御画目录》《君台观左右帐记》等文献中,都有对流入日本的宋元画作的记载。例如,《佛日庵公物目录》中记有宋徽宗、牧溪等人的38幅画作,既有禅会图、祖师像等宗教绘画,也有山水画、花鸟画、动物画等。《吃茶往来》中记载,在茶会的装饰中使用张思恭《释迦》、牧溪《观音》等宋代的佛画,可见宋画的传入在镰仓时期就比较频繁。其中记载了《猿二铺》《松猿绘一对》《树头绘一对》《观音》4件牧溪画作。(《南宋绘画对日本水墨画的影响探析》)能阿弥等人编撰的《御物御画目录》,著录有牧溪画作103幅、梁楷27幅、马远17件、夏圭11件、宋徽宗

10件、李公麟9件、玉涧9件。在《君台观左右账记》中，以上、中、下品的品第方式分类记录161位中国画家。其中以宋元画家为主，包括宋徽宗、李公麟、李成、郭熙、徐熙、赵昌等，牧溪、玉涧、梁楷、马公显、李迪、夏圭、马远、马麟等南宋宫廷画家和禅画家均有记载在目（予嘉《日本收藏的中国画（八）：室町时代的宋元画趣味》）。

日本于1950年颁布《文化财保护法》，政府相关部门据此从大量有形文化财中，选择优秀、重要者指定为"重要文化财"，对其中艺术成就价值更高的国民之宝指定为"国宝"。截至2020年1月统计，日本共指定国宝1 120件，重要文化财13 234件。其中绘画计162件，有来自中国的29件。除此，再无其他国家的绘画进入日本国宝之列（张明杰《日本国宝中的中国绘画》）。

（作者单位：浙江省社会科学院、浙江大学）

唐宋之际高丽的宾贡进士

裴淑姬

历史上的宾贡进士，可以说是古代韩、中关系史和中、日关系史上友好交往的一段佳话。学术界对有关新罗、高丽、日本宾贡进士的研究已有不少成果，但这种研究成果大多限于史籍的记载，以及这些宾贡进士在中国的活动情况，少有他们回到本国以后的情况。2000年以来，在中、韩出土了一些墓志、石刻资料，为进一步研究朝鲜半岛宾贡进士提供了宝贵的材料。本文拟将新发现的墓志、石刻史料和现有的史籍所载史料相结合，通过考察朝鲜半岛宾贡进士的历史足迹，以及他们的家族、婚姻和仕宦情况，作为对以往新罗、高丽宾贡进士研究的一种补充，并重温历史上韩、中两国之间的友好交往。

一

7世纪至9世纪的唐朝和10世纪至13世纪的宋朝，是亚洲乃至整个世界的文化中心，因此吸引了周边国家，特别是朝鲜半岛上的新罗、高丽以及日本等国家的士人纷纷前往读书或参加科举考试。由唐及宋，凡是外国士人在中国参加科举考试获得出身的人，统称为宾贡进士。此后，这些宾贡进士或在中国，或回本国，对促进母国与中国的文化交流和友谊作出了重大贡献。

在唐代，日本不断派出遣唐使赴唐，大批士人也随同前往中国，他们或学习中国文化，或参加科举考试，所以考取宾贡进士的士人很多，阿倍仲麻吕（晁衡）（698—770）就是其中的杰出代表。限于本文主旨，对日本宾贡进士的情况，下面拟先作些简单的提及。

由于唐朝与新罗的关系十分友好，所以新罗士人入唐求学和参加科举考试的人也不少，据有关学者统计，直到唐朝灭亡，共有58人之多。下面以有代表性的新罗宾贡进士金可记、金云卿、崔致远、崔承祐、崔彦㧑5人为例，对新罗时期的宾贡进士，大略作些介绍。

金可记（？—859，在唐仙逝，一称可纪），他的情况似乎有些特殊。史言其"性沉静好道，不尚华侈"，据韩国古代史籍《海东传道录》记载，金可记于唐宪宗元和十年（815）考取宾贡进士后，历任华州参军、长安卫。三年后金可记回故国新罗，当时章孝标写了诗《送金可纪归新罗》，不久又返回终南山修道，"手植奇花异果极多，尝焚香静坐，若有思念，又诵《道德》及诸仙经不辍"。今天，人们在中国陕西终南山子午谷的摩崖石刻上，仍然可以看到他的名字**（图1）**。

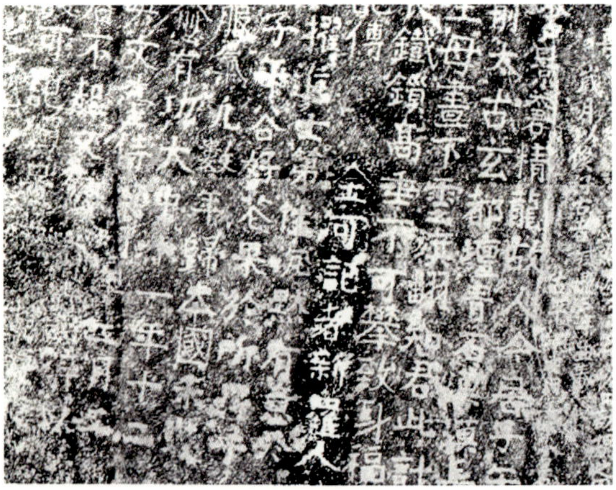

图1

金云卿，他于唐穆宗长庆元年（821）杜师礼榜考取宾贡进士，被授予前右监门卫率府兵曹参军。唐武宗会昌元年（841）七月，唐皇帝册封文成王的时候，金云卿以兖州都督府司马、淄州长史的身份任宣慰副使，出使新罗，这时候有周翰给金云卿的离别诗。此后，金云卿的情况如何，是留在新罗做官，还是返回唐朝任职，史籍都没有记载。

崔致远（857—?），字孤云，后改字海云，金城沙梁部人，庆州崔氏，是韩国汉文学的开山鼻祖。他12岁时，即唐懿宗咸通九年（868）西渡入唐。先入国子监就读，后为唐僖宗乾符元年（874）裴瓒试下宾贡进士，出任宣州溧水县尉。由于他政绩突出，不久即升任承务郎、侍御史内贡奉。黄巢起义爆发后，他成为淮南节度使高骈的幕僚，作檄文讨伐黄巢，其中有"不唯天下之人，皆显戮，抑亦地中之鬼，已议隐诛"之语，一时名震天下。中和四年（884），崔致远以"国信使"身份东归新罗。他留唐16年间，与唐朝文人士大夫交游甚广、酬唱也多，有《桂苑笔耕集》20卷传世。回国后，新罗宪康王重视其学识才能，任为侍读兼翰林学士、兵部侍郎、知瑞书监事，后来被保守派排挤调任大山郡（现扶馀郡）太守、富城郡太守（瑞山）等，他又针对时局动乱，向真圣女王进献《时务策》。崔致远经历官场暗斗和社会动乱，厌倦仕途，辞官携家归隐伽倻山。他去世后，高丽显宗十四年（1023）追谥其为文昌侯，从祀文庙。

图2

虽然崔致远如此出名，但目前对他的家庭情况知之甚少，只知道父亲崔肩逸和弟弟（僧人）玄準的名字。**（图3是崔致远的肖像、图4是崔致远世系图）**

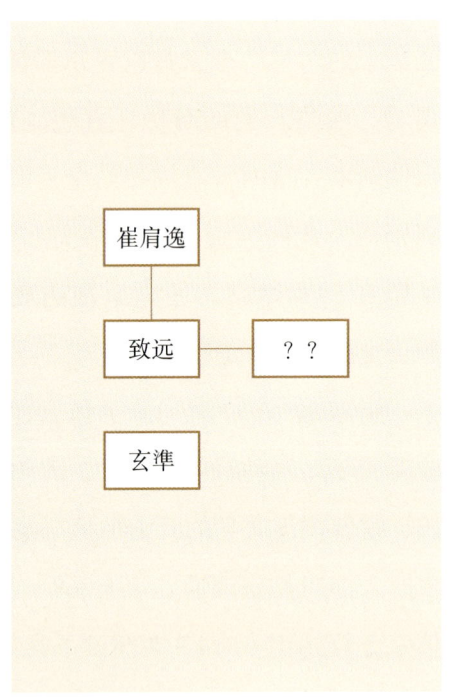

图3

图4

崔承祐（？—935），庆州崔氏。唐昭宗龙纪元年（889）西渡入唐，在长安读书。景福二年（893）考取宾贡进士，在唐朝的交游也十分广泛。唐朝灭亡前夕，承祐回到本国，追随后百济的甄萱。927年曾代笔写甄萱寄高丽太祖的《代甄萱寄高丽王书》，似乎仍承担文翰工作。

崔彦撝（868—944），初名慎之，庆州崔氏，从小就擅长写作。他生活在新罗到高丽的转换时期。新罗末年，贺正使守仓部侍郎金颖出使唐朝，崔慎之从海路跟随留学中国，并于唐哀宗天祐三年（906）考取宾贡进士。但第二年唐朝就灭亡了，因此未能授与官职。909年，崔慎之回国，改名仁滚，新罗归附高丽后，他重新改名彦㧑。彦㧑回国后，不仅对高丽政坛产生了重要影响，而且以出色的文学才能闻名于世，与崔致远、崔承祐一起并称为"新罗三崔"。另据《渤海国志长篇》记载，渤海宰相乌炤度的儿子光赞与崔彦㧑同年考取唐朝的宾贡进士。乌炤度请求唐朝说："臣以前登第时名字在李同上面，现在臣的儿子光赞应该在慎之上面。"但是他的请求没有得到唐朝的批准，原因是崔彦㧑考试的成绩好于光赞，所以不允许变更排名，从中可以推测出崔彦㧑确实具有很高的文学水平。

崔彦㧑作为唐末的宾贡进士，回新罗后担任了政府的高官，后来又归附高丽。他有四个儿子，长子崔光胤考取后晋宾贡进士。后来被契丹俘虏，辽朝任命他官职。崔光胤在到达高丽龟城（平安北道龟城）时，通过书信告知高丽政府，契丹将要大举入侵，高丽得到这个消息后，立即组织30万大军（光军）加强防御，从而避免了高丽遭到失败的命运。

崔彦㧑的二儿子崔行归出仕吴越国，担任秘书郎的职务，他在高丽光宗时期返回高丽担任官职，938年曾作为高丽使臣被派遣到南唐。后来崔行归在高丽因牵连"均如事件"被杀，有关崔彦㧑的某些资料也受到牵连而被销毁。

崔彦㧑的另一个儿子崔光源，他的儿子崔恒于991年参加高丽科举及第，在高丽穆宗时期两次担任知贡举。崔彦㧑有一个女儿，她与新罗景顺王的儿子缔结婚姻。以上说明，庆州崔氏已经是当地的名门望族。有关崔彦㧑家族的世系图，如图5所示。

唐朝末年至五代十国，中国国内虽因军阀混战和政权频繁更替而陷入动荡时期，但科举制度始终不废。当时，高丽和五代各政权之间

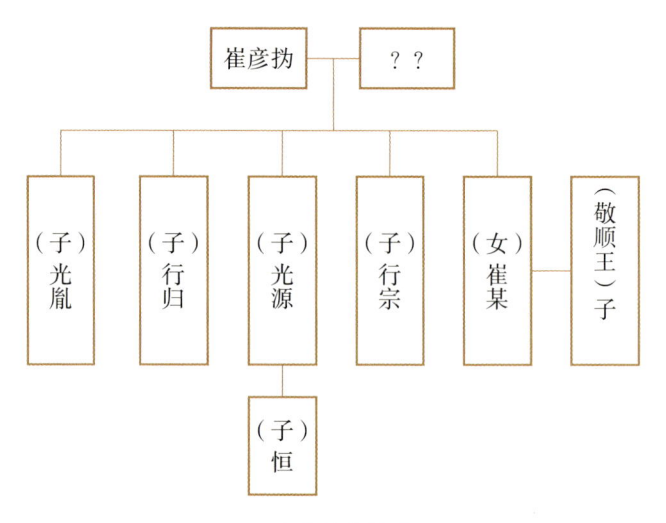

图 5　崔彦撝家族世系图

　　的关系仍然得到维持，宾贡制度也继续实施，故而前去中国就学和参加科举考试的士人仍不少。在这半个多世纪的时期里，来自朝鲜半岛的士人，后来成为宾贡进士的大约有 32 人，至于他们的事迹，却很少留有记载。

　　上述宾贡进士们，为了克服新罗身份制社会的局限，在唐学习后考取进士，部分人留仕中朝，在仕宦之余，继续学习中国的典章制度和先进文化。特别是以"三崔闻名"的庆州崔氏家族，他们回国后，像崔致远的情况面临新罗社会的局限，他的梦想遭受挫折。崔承祐和崔彦撝家族在丽末鲜初的变动格局下，各自选择自己的路线，为国家的利益协助统治者。新罗宾贡进士中，金可记和崔致远不仅在韩国国内受到高度评价，在中国也受到了好评，所以在中国也建立了"金仙馆"（在陕西西安子午谷）、"崔致远纪念馆"（在江苏扬州）。宾贡进士们有可能大力传播唐文化和推进人才选发制度等，对本国的社会发展和增进韩、中友谊都作出了贡献。

二

960年，北宋建立。由于长城以北的土地已为辽朝所占有，从而切断了北宋与朝鲜半岛的陆上交通，宋、丽之间的联系只存在波涛汹涌、风险甚大的海路一条，双方人员的来往变得更为困难。尽管如此，早在建隆三年（962）十月，高丽光宗派遣李兴佑、李励希、李彬等人前往朝贡，同年十二月，高丽使用宋朝年号和纪年，与宋朝正式建立了外交关系。北宋的日益强大和经济、文化的蓬勃发展，再次吸引了高丽的商人、水手、僧侣和士人前往北宋进行经济、文化和宗教等方面的交流，其频繁程度不亚于盛唐时期，只是慑于辽朝的威胁，不敢有太大的动静而已。

从上面的介绍可知，考取宾贡进士的朝鲜半岛士人，他们后来的去向主要有两条路：一条是留在中国做官，另一条是应本国政府的要求，返回本国任职。下面拟对这两种高丽宾贡进士分别进行一些论述。

1. **金行成**。根据历史记载，最早前往北宋读书的高丽士人是金行成。他于宋太宗太平兴国元年（976）十二月入汴京国子监读书，次年即考取宾贡进士，历仕殿中丞、安州通判。在他及第时，高丽国王上表太宗，"乞放还"。行成以为自己受到北宋厚待，无以为报，故不愿立即返回本国。想到"父母垂老，在海外旦暮思念之。恨禄养弗及，命画工绘其像，置于正寝。行成与妻更居旁室，晨夕定省、上食，未尝少懈"。淳化元年（990）十一月，行成疾笃，召同僚及州官数人至其卧内，哭着道："外国人任中朝，为五品官，佐郡政，被病且死，无以报主恩，瞑目于泉下，亦有余恨。二子宗敏、宗讷皆幼，家素贫，无他亲可依,行委沟壑矣。"行成既死,其妻誓不嫁,养二子,织履以自给。行成同僚、知安州侍御史李范深感悲痛,将这事奏禀太宗。太宗为此下诏,以宗敏为太庙斋郎,礼部即与收补。又命安州月以钱3 000、米5石给其家,"长吏常岁时存问,无令失所"。金行成的父子传承,如图6所示。

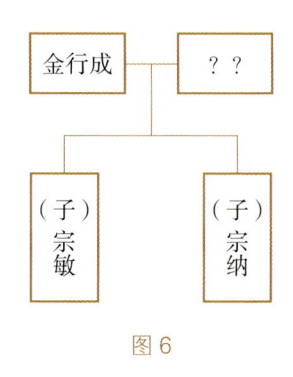

```
        金行成 ─── ？？
           │
       ┌───┴───┐
     (子)     (子)
     宗敏     宗纳
```

图 6

2. **康戬**。太宗太平兴国五年(980)考取宾贡进士的高丽士人康戬,与金行成的情况大致相似。戬高丽信宁人,字休佑。少好学,其父允,曾担任高丽兵部侍郎。康戬父子参加了高丽与契丹的木叶山之役,战斗中,戬被辽兵射中二矢,但仍然无所畏惧。抗辽失败后,父子两人皆被契丹俘虏,在押送黄龙府途中逃回高丽。宋太祖开宝中(968—975)康戬随宾贡学生到达开封,在国子监就读。考取宾贡进士后,被除为大理评事、知湘乡县,再迁著作佐郎、知江阴军。历官以清白干力闻名,又改太常博士。翰林学士苏易简称其能,有吏才,被擢为岭南东路转运使,再转度支员外郎。又以户部判官出知峡、越二州。因为清正廉洁,所以多次受到宋真宗的表彰。康戬终官京西转运使加工部郎中赐金紫。康戬所至好行事,上章多建白以竭诚自任。景德三年(1006)病逝。真宗特以其子希龄为太常寺奉礼郎给奉终丧。下面图7是康戬父子的传承情况。

```
        康允
         |
    康戬 ─── ？？
         |
        （子）
         |
         希龄
```

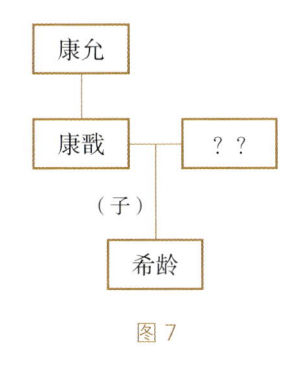

图 7

3. 崔罕与王彬。 宋太宗雍熙三年（986），宋朝为了恢复燕云十六州，北伐辽朝。此前的雍熙二年（985，高丽成宗四年）宋、丽达成协议联合出兵辽朝，于是，高丽人崔罕、王彬随同高丽使臣来宋，在国子监学习。淳化三年（992）两人科举及第，成为宾贡进士。这一年宋朝科举实行糊名法，主考官不能识别高丽人的科举试卷，高丽人与宋朝考生得以在同等条件下竞争。《宋史·高丽传》载："彬、罕等幼从鲍系嗟，混迹于嵎夷……不惮蓬飘，早宾王于天邑。"说明两人确实获得及第。崔罕授秘书省校书郎后回国，其后高丽的情况不载。

王彬（一称王琳），唐朝光州固始人，唐朝光启元年（885），固始人王潮、王审知兄弟带领乡民跟随王绪义军进入福建。此时，王彬的祖先定居在福州长乐县（《淳熙三山志》上记载王彬是福建人），协助王潮在福建发展。后来，王彬祖先漂洋过海来到新罗，得到新罗政权的任用。2005 年，王彬孙女墓志铭《已故硕人王氏墓志铭》出土于洛阳市南龙门（今藏于洛阳大学），此碑**（图 9）**对于了解王彬家族的具体情况非常重要。

虽然碑文中关于王彬的内容大部分已磨损，但是根据《宋史》记载，王彬（？—1042）18 岁入太学，淳化三年登第，授校书郎后回到高丽。他在宋朝逗留期间，了解宋朝的情况，不久再次回到中国，历任雍邱县尉、秘书省著作佐郎、抚州知州、荆湖南路刑狱提点、潭州知州、三司户部勾院判官、河北转运使、三司盐铁判官，累官至太常寺少卿。据《奉常王氏族谱》，王彬退休后回到固始建安乡临泉村。如此看来，王斌虽然出生于高丽，但实际上考上宋科举后，回到中国当官，退休后定居原籍固始县生活。他的儿子为王宗望，妻钱氏。王宗望以门荫为夔州路转运副使、江淮发运使、河北道转运使、工部侍郎、集贤殿修撰、郓州知州。王宗望家族迁到汝州梁县。王宗望的女儿是墓志铭的主人公王氏（**见图9**），王某的丈夫杨畏（1044—1112），《宋史》有传。杨畏最初跟随王安石，王安石死后投靠司马光，司马光被贬官，杨畏又依附蔡京，被官场称为"杨三变"。杨畏随父亲从遂宁迁居洛阳。王氏也移居洛阳，两家缔结婚姻。王彬的孙子王纯，曾任左班殿直、殿中丞、知雍邱县等。王纯的女儿后来又嫁给杨畏的儿子杨临，王、杨两家成为"姑表"婚姻关系。王氏家族世系图，如**图8**所示。

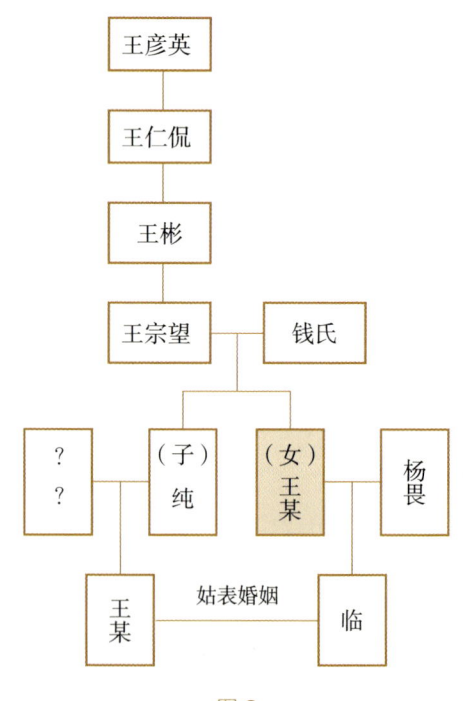

图8

图 9　王彬孙女墓志铭

三

宋真宗"澶渊之盟"以后，高丽与宋朝的关系遭到辽朝的破坏，高丽与辽建立了密切关系，有了一定的文化交流，如高丽曾派10名童子到辽朝学习契丹语，高丽还试图与辽朝皇室通婚等。由于辽朝科举仅限于汉人，高丽人不能参与，高丽宾贡现象中断。宋神宗即位，恢复了宋朝与高丽的关系，宋朝优待高丽使臣，宋哲宗元符二年（1099）批准了高丽举子宾贡，高丽士人又可以参加宋朝的科举。

1. 高丽宾贡考试的恢复

高丽士人参加宋朝科举考试，在北宋中期一度中断，到徽宗政和五年（1115）才又有人考取宾贡进士。此年七月，高丽吏部尚书王字之、户部侍郎文公美出使宋朝，高丽士人金端、甄惟底、赵奭、康就正、权适随同。十一月，金瑞等5人进入宋朝太学，十二月，宋朝设立了专门辅导高丽生员的博士，此人名叫郑强。据2014年福建发现的《郑强墓志铭》(**图10**)记载，他是宋徽宗崇宁五年（1106）进士，入仕后曾经担任过地方州学的教授，后入国子监担任小学博士（从八品）。大概因为他教学经验丰富，所以宋徽宗后来又升任他为国子学录兼高丽学录，专门负责国子监内高丽学生的教学和管理工作，足见北宋政府对培养高丽宾贡学生的重视。

图 10

政和七年（1117）二月九日，北宋在集英殿策试前面提到的5名高丽学生，其殿试策题如下：

> 朕惟道之在政事，以上治而观于天，则七政可得而齐，五辰可得而抚；以下治而察于地，则万物各得其宜。山川裕如，鸟兽鱼鳖咸若，通于神明。则裁成辅相，赞天地之化育，和同天人而使之无间，顾何施而可以臻此？昔武王垂意而问，箕子尽道而陈，始之以五行，次之以五事，终之以五福，子大夫所常学而知者，悉著于篇，朕将施之于政，无俾前人专美有周，不其韪欤。

从以上题目看，这次策试是为了高丽士人而实施的，所以出题内容也符合高丽士人的情况。据《高丽图经》记载，虽然高丽进士科是以词、赋、论三题选拔人才，但是这些人在宋朝学习几年后，他们的试策水平也得到很大提高。上述殿试策的难度很大，即使让中国学生来考，恐怕也会有困难，但是在这5名学生中有4人的策文写得很好，足见他们才能之出色。被录取为宾贡进士的4名高丽学生，授官情况如下：成绩最优秀的是权适，被授与承事郎（正九品京官），赵奭、金端授与文林郎（从八品选人），甄惟底授与从事郎（从八品选人）。只有康就正一个人没有及第。当年五月，权适、金端、赵奭3人随同高丽官员李资谅返回高丽，甄惟底和康就正则继续生活在北宋，直到去世。下面让我们再来考察有关高丽宾贡进士权适和金端及其家族的情况。

2. 宋徽宗时期宾贡进士：权适、金端

权适（1094—1147），高丽安东府人，13岁就擅长写作，高丽睿宗九年（1114）四月，权适在高丽考中省试，后复试虽然合格，却没有授官。权适此后游览过清平山文殊寺（在清平寺，江原道春川市北面的山上）、开善寺（在江原道原州市），后被派往中国读书。在宋朝上舍及第，返回高丽后，他在政治上的才能得到了充分的发挥，先后被任命为左右卫录事承务郎、溟州（江原道江陵市）守令、右正言知制诰、陕府（陕川郡）守令、锦城（罗州市）守令、礼部员外郎知制诰、郎中兼太子司经、国子司业、宝文阁待制、西京副留守、尚书礼部侍郎、翰林侍读学士、检校太子太保、国子祭酒等。权适的世系见**图11**。

从图11来看，权适的夫人金氏生有儿子5人，女儿4人。他的长子以门荫授官，其他儿子似乎并无特别的出息。长女与崔允仁结婚，崔允仁以舅舅李资德的门荫授尚书户部令史同正，1140年参加高丽科举，考中进士，授成州通判。此后，任知洪州事、殿中内给事。次女与黄甫倩结婚，黄甫倩在1142年考中高丽进士，是权适的门生，授检

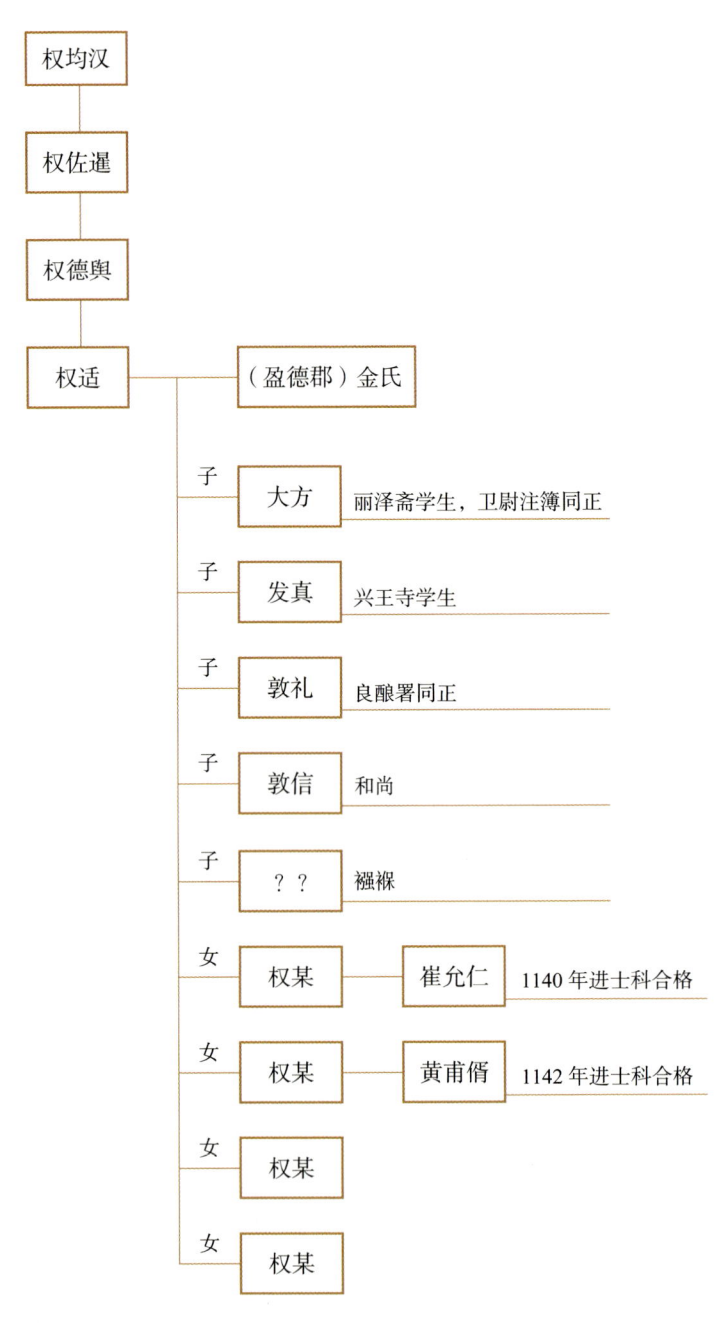

```
权均汉
  │
权佐暹
  │
权德舆
  │
权适 ── (盈德郡)金氏
  │
  ├─ 子 ─ 大方    丽泽斋学生，卫尉注簿同正
  │
  ├─ 子 ─ 发真    兴王寺学生
  │
  ├─ 子 ─ 敦礼    良酿署同正
  │
  ├─ 子 ─ 敦信    和尚
  │
  ├─ 子 ─ ？？    襁褓
  │
  ├─ 女 ─ 权某 ── 崔允仁   1140年进士科合格
  │
  ├─ 女 ─ 权某 ── 黄甫偭   1142年进士科合格
  │
  ├─ 女 ─ 权某
  │
  └─ 女 ─ 权某
```

图 11

校右仆射、御史杂团，后来担任高丽礼宾主簿同正。黄甫俏出身高丽名门望族。下面是黄甫俏的墓志石（记录死者个人资料或坟墓所在的板石或图板，记录祖先的系谱、行踪、家族关系等，埋葬在坟墓前或旁边），请参见图12。

图 12

金端，生卒年不详，他在宋朝以上舍及第后返回高丽，特进守司空尚书右射，历任散骑常侍、户部尚书、守司空、尚书右仆射等职务。金端的祖父和父亲为武职官员。金端与骊兴（骊州）闵修的女儿结婚。闵修的墓志铭收藏于韩国国立中央博物馆。下面是砚台形态的闵修墓志铭照片，请参见图13。

闵修的弟弟闵瑛的墓志铭对其家族记载颇详，其中记载：他的三个女儿中有一个与金端结婚。金端本人的墓志铭已经不知所终，其子金阅甫的墓志铭仍然存在，据此可以了解金端及其家族的发展与传承。金阅甫最初以荫授良酝丞，后担任临陂县尉、试礼宾注、将作监丞、检校军机小监。金阅甫与尹彦植的女儿结婚，长子金轩被授阴城县尉，次子金宗轩和三子金惟元出家。

图 13

金端的女儿金某与尹彦颐的儿子尹惇信结婚,尹敦信于 1147 年考中高丽进士。金端的另外一个女儿与任克正的儿子任□□结婚,其子任益惇以祖荫出仕。金端的世系图如图 14 所示。

据图 14,金端及其后代与高丽名族骊兴闵氏、坡平尹氏、定安林氏等通婚,反映了其家族较高的社会地位。

通过前面的考察可以看出权适、金端的儿子们大体上除了有几个人以门荫授官外,大部分都皈依了佛教,因此,便由女婿们维持了家庭的命脉。由于宾贡进士在高丽优越的社会地位,所以他们可以和当时高丽的名门望族通婚,维持了高贵的家门。

另外,在权适和金端作为宾贡进士同时出仕高丽的过程中,两人的人生和仕宦应该有不少交集。如金端亲家尹彦颐曾推荐权适,反映了两人在高丽官场相互援引的情况。权适和金端作为宋朝的宾贡进士,不仅在他们的仕途上甚受朝廷的优待,而且在才能上也得到高丽国王

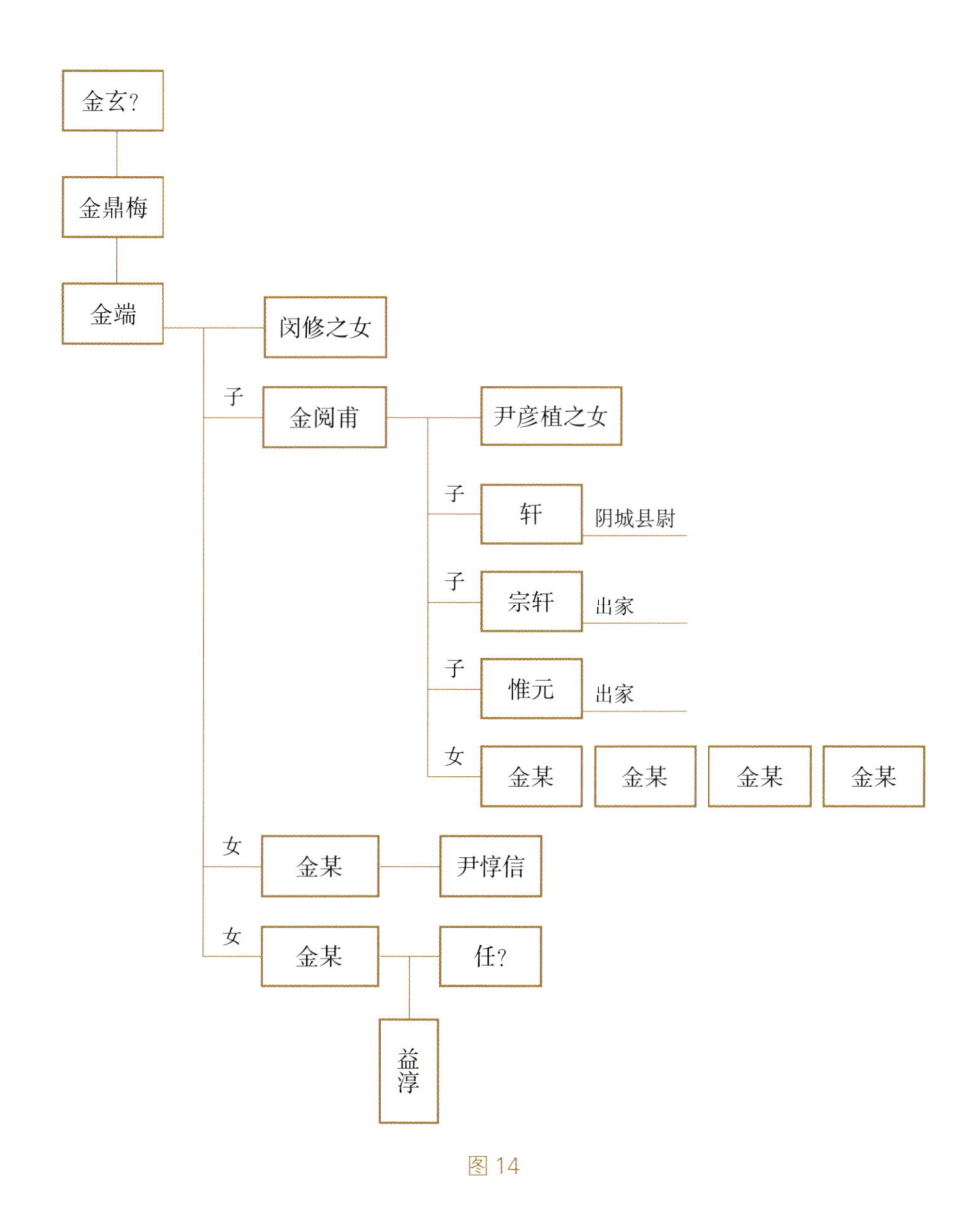

```
金玄?
  │
金鼎梅
  │
金端 ─── 闵修之女
  │
  ├─子─ 金阅甫 ─── 尹彦植之女
  │                  │
  │                  ├─子─ 轩      阴城县尉
  │                  │
  │                  ├─子─ 宗轩    出家
  │                  │
  │                  ├─子─ 惟元    出家
  │                  │
  │                  └─女─ 金某  金某  金某  金某
  │
  ├─女─ 金某 ─── 尹惇信
  │
  └─女─ 金某 ─── 任?
                   │
                  益淳
```

图 14

的重视。如睿宗十二年（1117）十一月，睿宗在清燕阁举行宴会，让权适、赵奭、金端等与来自中国的胡宗旦等学者一起讲经，后来，随着女真势力的兴起，北宋国势日危，上面所介绍到的几位宾贡进士，又负起了处理高丽与金人关系的重任。

小　结

本文中考察的宾贡进士生活在唐五代、宋辽金的变动时期。他们不仅凭自己的才能越过国境求学，而且还参加了唐、宋的科举考试，以出色的成绩考取进士，从而踏上了仕途。这些精英们既精通儒学理论，又掌握了汉语，具备汉文写作能力，所以在中国做官不仅没有障碍，而且清正廉洁，颇有政绩，深受唐、宋朝廷的好评。北宋后期人、学者王辟之在《渑水燕谈录》中即以为："高丽，海外诸国中最好儒学，祖宗以来，数有宾客、贡士登第者。"这些成为宾贡进士的高丽士人，他们后来或活跃在中国的政治舞台上，表现良好；或回国后受到本国政府的重用，在政治上发挥了积极作用，并成为朝鲜半岛传播唐、宋文化的使者，从而推动了两国之间的友谊。

朝鲜半岛士人在韩、中关系密切时期进入唐宋朝国子监学习，考中中国的宾贡进士对他们来说难度似乎比其他国家要小。所以，我们在韩国和中国的典籍中，都能看到唐宋宾贡进士的记载，这种通过科举进行的文化交流，是两国密切互动的历史见证。特别是宋朝的学校制、科举考试内容，对高丽的影响更大。据《朱子语类》记载："……（高丽）后来遣弟子入辟雍，及第而归者甚多，尝见先人《同年小录》中有'宾贡'者，即其所贡之士也。当时宣赐币帛之外，又赐介甫《新经》三十本，盛以黑函，黄帕其外，得者皆宝藏之。"介甫是北宋神宗朝的宰相、著名学者和改革家王安石。以他为主撰成的《三经新义》，反映了他新的儒学思想，成为当时科举考试最主要的参考书。从中可以看到《三经新义》在出版不久即流入高丽，对高丽思想界造成了一定影响。当然，在神宗时期，王安石本人不希望新经流向海外。

但在徽宗时期，王安石已经去世，所以向外传播也就没有困难。

高丽睿宗时期，随着对经学的重视，科举制和学校制也发生了很大的变化。在科举考试中引入经义，以经学教育为中心整顿学校，朝着两个制度相结合的方向整顿。这是从神宗代开始就在宋朝推进的政策，并在徽宗时代大放异彩。高丽也实施了与宋代相似的学校制度。睿宗四年（1109），在国子监设置了七斋，睿宗五年（1110），又制定了国子生必须有300天到校学习的规定。虽然北宋灭亡，但北宋的制度在高丽许多地都得到借鉴。毅宗二年（1147），参考宋代三舍法增设了升入七斋的学校试——承补试。但是，关于王安石的新经和高丽的经学教育是否一致，还需要进一步讨论。仅就这一件事，就充分反映出宋韵文化对高丽的影响。当然，由宾贡进士传至高丽的宋韵文化，远远不止这一件事。

科举是中国传统社会的选举制度，考中科举意味着进入仕宦，一方面，新罗、高丽进士在中国的仕宦，是他们了解中国的重要经历。另一方面，这些宾贡进士一般都会返回本国，在本国可以不再参加考试，从这一点来看，科举很有魅力。特别是考上中国科举，无论是中国人还是外国人，应试者的共同特点是重视对选拔自己的皇帝的感恩。所以为了报答皇帝的恩情，作为官僚总是尽自己最大努力为国效劳。还有，中国科举制的开放性也是值得称赞。从整个北宋来看，对从外国特别是从高丽来的留学生，都给予认真的培养，当他们考取宾贡进士，在朝廷里做官后，一样获得重用。即使后来他们去世了，北宋政府对其子女在政治上和经济上也继续给予各种照顾。这在唐代或元代的科举及第者身上是找不到先例的。

至于回到本国的宾贡进士，高丽政府对他们更是十分重用，给予各种优待，极大地提高了他们本人和家族的政治和社会地位，这从仕宦和婚姻两个方面可以明显看出。宾贡进士回到高丽以后得到的这些政治资源，对于高丽本国读书人也是一个很大的鼓舞。成为他们一方面努力参加本国的科举考试，另一方面学好儒学和汉文化，争取赴中国成为宾贡进士的强大动力，这在客观上促进了丽、宋两国在文化上的互动与交流。

高丽宾贡进士的产生，受到宋、丽关系和辽、金等政权的制约，作为中国北方契丹和女真建立的政权，辽金与高丽边界更加接近，对高丽政治影响大于两宋。辽金的科举与两宋相比较，不仅规模小，科举对象也有一定的限制，因为辽、金对高丽的宾贡并不开放，高丽政权和士人对赴辽、金参加科举考试，成为宾贡进士的积极性也不高，这是唐、宋时期高丽宾贡进士只存在于唐（五代）宋的原因。在宋与辽、金对峙的现实条件下，高丽的国际地位比其他任何时候都要高，高丽的宾贡进士就积极地抓住了这个机会，使自己和整个家族取得了成功，也为高丽、宋两国的文化交流和友谊做出了贡献。

当然，在这个时期，不是朝鲜半岛士人都有这样的机会前往中国，因为这不仅要有经济上的条件，存在制度上的障碍，而且有一定的家庭牵连。考不取宾贡自不待言，即使考取了宾贡进士，除了唐末混乱时期以外在唐代不能随意出境，只能以使臣的身份回到本国。宋时期的高丽宾贡进士还要接受国家的召唤，回到高丽为祖国效劳。所以有相当一部分宾贡进士在科举结束后，跟随使臣一起回国，因为在这个时期的国际关系中，国家的政策优先于个人的自由。

（作者单位：韩国弘益大学师范学院）

宋朝对高丽的书籍输出及其文化影响

刘云军

传统中国与朝鲜半岛的交流渊源有自。早在先秦时期，燕、齐两国便与朝鲜半岛有着商贸往来，此后双方一直交流不断。唐朝建立后，不仅与朝鲜半岛有着密切的经济、文化往来，唐朝政府还接受来自朝鲜半岛的士人入学学习儒家经典，并且还参加科举考试。而这些宾贡进士也利用这一宝贵的学习机会，学习儒家文化。如有着"东国儒宗"之誉的新罗人崔致远，12岁时漂洋过海来到唐朝长安求学，旅居中国16年，他曾言："臣窃以东人西学，惟礼与乐。"说明他来唐朝，主要是为了学习唐朝的礼乐，并且还希望"至使攻文以余力，变语以正音"，明显是要将所学的儒家文化应用到国家建设中。唐末五代时期，中原地区战乱不断，政权更迭频繁，影响了与朝鲜半岛的交往。宋朝建立后，随着政局的稳定，宋朝与统治朝鲜半岛的高丽国展开了新的交流。

一、宋朝与高丽的密切关系

高丽（918—1392）建国后，奉行传统的交好中原王朝的外交政策。960年（宋太祖建隆元年，高丽光宗十一年）宋朝建立，高丽第一时间向宋朝朝贡。962年（宋太祖建隆三年，高丽光宗十三年）冬，高丽光宗派遣广评侍郎李兴祐等人入宋贡方物。963年（宋太祖乾德元年，高丽光宗十四年）春，宋太祖派遣使者前往高丽，册封光宗为"开府仪同三司、检校太师、玄菟州都督、充大义军使、高丽国王"。册封制书高度褒扬了高丽国王"日边钟粹，辽左推雄，习箕子之余风，抚朱蒙之旧俗。而能占云候海，奉贽充庭，言念倾输，实深嘉尚"。次年，高丽开始采用宋太祖的"乾德"年号，两国至此正式建立起朝贡关系。

宋朝与高丽往来十分密切，据学者统计，从宋朝建立到1164年（宋孝宗隆兴二年，高丽毅宗十八年），高丽向宋朝派遣了近70次使节，宋朝正式派遣去高丽的使节有30多次。而两宋320年间，几乎每年都有宋商前往高丽。可以说，宋朝与高丽始终保持着密切的经济贸易和文化交流，而在文化交流方面，宋朝图书典籍大量输入高丽，无疑是其中极其重要的部分。

二、宋朝对高丽的书籍输出

据史料记载，早在朝鲜半岛的三国时期，儒家思想就已经传入，"书籍有五经、三史、《三国志》《晋阳秋》"，表明各类儒家经典已经流传于当地。788年，新罗设立读书三品科，明确了儒家典籍的掌握情况在官员选用中的具体标准，这使得儒家思想在知识分子与官僚群体中受到高度重视，儒家文化迅速在新罗社会中占据主导地位。

取代新罗统一朝鲜半岛的高丽王朝同样重视儒学，建国之初，朝廷便提倡修齐治平的儒家思想。958年（光宗九年，后周显德五年），高丽实行科举制，开设明经科以选拔人才。伴随这一制度的产生和发展，高丽社会研究儒学、遵扬孔孟之道蔚然成风。为了满足并提高自身的儒家文化修养，向中原王朝求书便成为高丽朝廷的重要举措。

宋代文化繁荣，名家辈出，被高丽视作"文物礼乐之邦"。雕版印刷术的成熟，使得书籍出版呈现一片繁荣景象，"近岁市人转相摹刻，诸子百家之书，日传万纸，学者之于书，多且易致如此"。这说明当时各类书籍被大量刊印发行，书籍不再是难得之物，这为宋朝图籍输入高丽奠定了基础。

纵观整个宋、高丽之间的书籍交流，大致可分为官方交流、民间交流两种情况。宋朝输入高丽的书籍，主要是儒家经典、经史子集、佛教典籍等，此外，还有一些重要的中医典籍和其他类型的图书。除了书籍外，由于高丽人对宋朝文化的仰慕，知名宋人的书画作品等，也成为高丽人购求的对象。

（一）官方图书输出

1. 宋朝廷赐书

高丽使臣前往宋朝，除了肩负着国家的政治使命外，还承担着为其国王求书的任务。使臣所求图书多是宋朝官方修编的大型史书、大藏经等，这类书籍部头较大，购买不易，所以使臣多直接向宋朝廷求赐书，而宋朝皇帝也很乐意通过赐书来彰显文化优越性，并笼络高丽，于是，求书、赠书便成为宋朝官方书籍输出高丽的主要形式。

因为高丽敦尚儒学，对儒家经典需求量很大，所以高丽使臣求书多求赠儒家经典，而宋朝廷一般也是欣然同意。北宋建立后不久，朝廷刊印了《九经》。雅好儒学的高丽得知这一消息，便迫不及待地想要得到这套书。993 年（宋太宗淳化四年，高丽成宗十二年），高丽使臣上书，"言愿赐板本《九经》书，用敦儒教"。宋太宗慨然应允。1016 年（宋真宗大中祥符九年，高丽显宗七年），高丽再次获赠《九经》等书。宋神宗将王安石撰写的30本《三经新义》赐给高丽使臣。高丽将宋朝的赐经加以翻刻，在本国流传，直接推动了高丽的儒学发展。

除了儒家经典外，宋朝廷还会赐给高丽其他一些书籍。比如1016年（宋真宗大中祥符九年，高丽显宗七年），高丽获赠图书中除《九经》外，还有《史记》《两汉书》《三国志》《晋书》等历史典籍。1098年（宋哲宗元符元年，高丽肃宗三年），高丽获赐《开宝通礼》一部。1114年（宋徽宗政和四年，高丽睿宗九年），宋徽宗赐高丽《曲谱》10册、《指诀图》10册，还赐给高丽许多乐器。1116年（宋徽宗政和六年，睿宗十一年），又赐给高丽整部《大晟乐》。

魏晋南北朝时期，佛教思想从中原地区传至朝鲜半岛，并迅速扎根发展，高丽王城"有佛寺七十区而无道观"。高丽国王尊崇佛教，国人也"好佛法"。于是，高丽僧人前往中原地区佛教圣地朝圣，研习佛法，以及求取佛经，这也成为宋、高丽文化交流中的重要环节。

宋初，朝廷刊印了《大藏经》，此书便是著名的《开宝藏》，全书共6 000余卷，历时10余年才完成。对于这样一部佛学巨著，"好佛法"的高丽在其刊印完不久，就遣使入华，求赐此书。989年（宋太宗端拱二年，高丽成宗八年），高丽"遣僧如可赍表来觐，请《大藏经》"，宋太宗恩准。990年（宋太宗淳化元年，高丽成宗九年）十二月，高丽使者韩彦恭前来朝贡，并求印佛经，宋太宗以"《藏经》并御制《秘藏诠》《逍遥咏》《莲华心轮》赐之"。1019年（宋真宗天禧三年，高丽显宗十年），高丽派遣使者崔元信入贡，求佛经，宋真宗下诏"赐经"。1022年（宋真宗乾兴元年，高丽显宗十三年），宋朝再次赐高丽《大藏经》。1085年（宋神宗元丰八年，高丽宣宗二年），宋神宗特许高丽使臣购买《大藏经》《华严经》等佛教经典。

1022 年（宋真宗乾兴元年，高丽显宗十三年），宋真宗在高丽使臣回国之际，专门赐予《圣惠方》和《乾兴历》以及阴阳二宅书等典籍。1090 年（宋哲宗元祐五年，高丽宣宗七年），宋朝廷赐高丽《文苑英华》。1099 年（宋哲宗元符二年，高丽肃宗四年），高丽使者求赐《太平御览》等书，宋哲宗下诏："所乞《太平御览》并《神医普救方》见校定，俟后次使人到阙给赐。"1101 年（宋徽宗建中靖国元年，高丽肃宗六年），宋徽宗赐高丽《太平御览》一部。

通过这些史料，我们可以看到高丽朝廷对于宋朝书籍的积极求取态度。面对高丽官方的积极求书，宋朝廷一般都会满足其要求。

2. 高丽使臣购书

虽然宋朝统治者为了彰显自身的文化地位，也为了笼络高丽，一般会满足高丽使臣的求书要求，但毕竟这种通过"贡赐"获得的图书无论数量还是品种都有很大限制，难以满足高丽对汉籍的渴求。于是，高丽使臣在向宋朝廷求赐书籍的同时，直接购买图书成为一种常态。比如宋仁宗天圣年间（1023—1031），高丽人借朝贡的机会，前往北宋国子监购书。宋朝统治者为了满足高丽的图书需求，通常也会允许高丽使节购书。1074 年（宋神宗熙宁七年，高丽文宗二十八年），宋神宗下诏允许国子监将《九经》、子史部书卖给高丽国使者。

高丽使人大量购买汉籍，引起了宋朝一些官员的担忧，害怕流入高丽的书籍会不经意间泄露宋朝国家机密，危害到宋朝的安危。比如 1092 年（宋哲宗元祐七年，高丽宣宗九年），高丽使臣献《黄帝针经》，同时请求购买大批图书。当时的礼部尚书苏轼就曾直接向皇帝进言，反对将图书卖给高丽使节，但最终宋哲宗仍然同意高丽使节购买大部头的《册府元龟》。

除了搜购儒家经典、佛教典籍外，高丽使臣对宋朝当时名人的书画作品等也很感兴趣。比如高丽使者经过杭州时，趁机购买苏轼文集。宋神宗熙宁年间（1068—1077），高丽使者曾借入贡的机会，求取王安国的"京师题咏"，为此皇帝特意下旨，命令权知开封府元绛抄录后赐给高丽使者。高丽使节金良鉴不惜耗费300余缗大力购求图画。

由上可见，高丽在与宋朝的使节往还中，充分利用贡赐机会，获得了许多大部头的著作，如《九经》《大藏经》等，同时，使节利用出使的机会，努力购买各种汉籍，甚至包括图画。这一方面说明高丽对于中华文明的重视与推崇，希望通过大量阅读汉籍来深入学习中华文化；另一方面，从高丽使节求书的范围来看，这一时期高丽的总体儒家文化修养已经比较高，所以才对诗、画等作品情有独钟。

（二）民间渠道图书输入

高丽对汉籍的需求一直很高涨，仅仅通过宋朝廷赐书和使节购书已经无法满足其愿望，在这种情况下，作为官方渠道图书输入补充的民间渠道书籍交流，很快成为宋朝书籍输入高丽的重要形式。当时书籍通过民间渠道输入高丽的主要形式有身在宋朝的高丽僧人、学者等利用各种机会搜集购买图书运回高丽、宋朝商人私下将汉籍贩运到高丽、私人之间图书馈赠等。

983年（宋太宗太平兴国八年，高丽成宗二年）五月，博士任老成将自己在宋朝生活期间搜集到的图书《太庙堂图》《社稷堂图》《文宣王朝图》《祭器图》《七十二贤赞记》等献给高丽成宗。

1027年（宋仁宗天圣五年，高丽显宗十八年），宋朝的江南商人李文通渡海前往高丽献书册579卷。

宋朝商人徐戬先期接受了高丽人支付的钱款，在杭州为其制作《华严经》的版片。图版制好后，1087年（宋哲宗元祐二年，高丽宣宗四年），徐戬等 20 余人乘船将"新注华严经板"载往高丽，因此获得高丽国的丰厚赏赐。

1192 年（宋光宗绍熙三年，高丽明宗二十二年），南宋商人前往高丽献《太平御览》，获得 60 斤白金的奖赏。

在宋朝书籍通过民间渠道流入高丽过程中，高丽僧人义天的传经是其中非常著名的例子（**图1、图2**）。

义天（1055—1101）是高丽文宗之子，宣宗之弟，俗名王煦。11 岁时，顺从父亲文宗的愿望，出家为僧。随着他佛学日益精深，特别是义天与宋朝杭州高僧净源取得联系后，便萌生了前往宋朝遍访佛教高僧大德进一步增进修行的想法。

文宗在世时，义天便奏请入宋朝求法，不幸文宗去世，此事被暂时搁置。宣宗继位后，义天再次奏请越海前往宋朝求法。群臣认为义天贵为王子，渡海往宋，路途上安全难以保障，都表示反对。1085 年

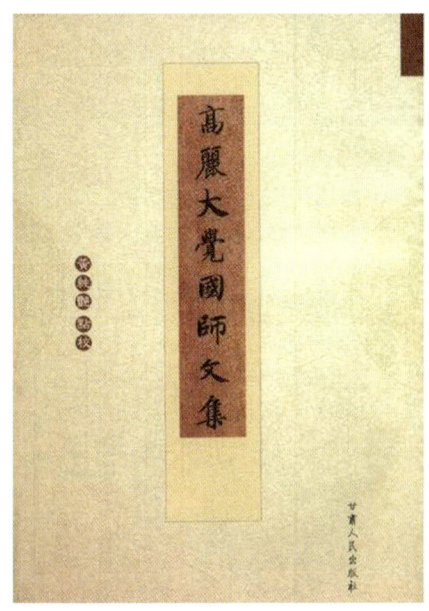

图1　义天像　　　　　图2　《高丽大觉国师文集》封面

（宋神宗元丰八年，高丽宣宗二年），义天趁宣宗出巡，在四月八日佛诞日连夜偕同侍者寿介等两人微服乘坐宋朝商人林宁的船只前往宋朝。义天入宋后，因为其高丽王弟的身份，受到宋朝廷的礼遇。1086 年（宋哲宗元祐元年，高丽宣宗三年），义天返回高丽。

义天在宋朝游学 14 个月，足迹遍及浙江、山东、安徽、江苏、河南等地，义天与当时的不少高僧大德谈经论道、交流佛法，收获颇丰。义天带着自己在宋朝搜集的佛典以及经书 1 000 卷回国。为了传播和弘扬佛法，义天奏请宣宗在兴王寺设置教藏都监，大力从辽、宋和日本购买佛教典籍，并收集朝鲜半岛历代名僧的著作多达 4 740 卷，逐一进行校对、注释和整理出版，这套书被称作"义天《续藏经》"。

义天回国后，仍然继续通过宋商与宋僧净源、净因等保持书信往来，双方不仅在书信中讨论佛法，还有诗歌唱和、赠送书籍等。如义天就收到净源赠送的绝句诗、一册《六题》，收到净因赠送的《大不思议论》20 卷等。

除义天外，还有一些高丽僧人入宋求法，并将大批佛教典籍带到回高丽。如宋太祖开宝年间，禅师延寿编纂的《宗镜录》便由僧侣带到高丽。

宋朝与高丽僧侣之间的求经传法，不仅使大量佛教典籍从宋朝流入高丽，促进了高丽佛教的发展，同时，也有利于宋朝佛教的发展。

三、宋朝图书输出对高丽的文化影响

1. 高丽儒风兴盛

朝鲜半岛自古以来钦慕中华文明，一直源源不断地从中原王朝学习引进儒家文化，为高丽王国的儒学发展奠定了坚实的基础。高丽王国继承了前人的政策，将儒学与仕宦相结合，吸引了越来越多的学子研读儒学书籍，出现了"四民之业，以儒为贵，故其国以不知书为耻"的社会风气。

为了更好地与宋儒交流，高丽派遣的使臣中很多文化修养颇高之人，他们与宋朝的儒士们讲论经史、吟诗作赋、互相唱和，结下了深厚

图3 朴寅亮

的友谊。比如颇具才华的高丽使臣朴寅亮（**图3**）、金觐入宋后与宋朝文人雅士切磋学问，交流诗文，受到时人的称赞，宋人还将二人的诗文刊印成《小华集》出版。

2. 高丽图书回流宋朝

高丽朝上自统治者下至一般读书人都对中国典籍十分感兴趣，不惜气力搜集各种中国典籍，他们在阅读学习的同时，也注意传播和研究，表现之一就是当时的高丽王朝非常积极地雕版翻印中国典籍，这在一定程度上推动了高丽王朝的进一步儒家化。如1042年（宋仁宗庆历二年，高丽靖宗八年），崔颢等进呈新刊印的《两汉书》《唐书》，受到"赐爵"的奖赏。1151年（宋高宗绍兴二十一年，高丽毅宗五年）六月，宝文阁学士待制以及翰林学士奉命一同校订从宋朝传入的《册府元龟》。1192年（宋光宗绍熙三年，高丽明宗二十二年）四月，吏部

尚书郑国俭、判秘书省事崔诜率领儒士一同校订《增续资治通鉴》，然后将校订好的书籍送到各州县雕版印刷，赐给侍从、儒臣。

在这种情况下，高丽国的图书出版事业蒸蒸日上，其刊刻的图书内容全，错误少，而且国内还存有不少中国的亡佚古书。"宣和间有奉使高丽者，其国异书甚富，自先秦以后，晋唐隋梁之书皆有之，不知几千家、几千集。"于是在宋朝与高丽的书籍交流中，不仅仅是宋朝向高丽输入书籍，也有一部分书籍由高丽逆向回流到中国。当时一些高丽使臣和僧人在入宋时，时常会将本国所藏的中国佚书献给宋朝廷，比如义天入宋时携带了很多华严宗的典籍，宋哲宗年间，高丽使臣送来《黄帝针经》9卷等宋朝佚书，十分珍贵；一些前往高丽的宋人也会借机搜集宋朝不存的中国古籍。如宋朝医官马世安从高丽带回来《东观汉记》等。正因为高丽珍藏着大量中原王朝亡佚的古书，或者是一些中国典籍的珍贵版本，所以宋哲宗曾经让使臣将一份"求书目录"带给高丽国王，目录上详细记载了当时宋朝廷所无的图书，共计128种4993卷。这份图书目录保存在《高丽史·宣宗世家》中，生动展现了高丽与宋朝之间的图书交流，也表明高丽图书事业的发达程度（**图4、图5、图6**）。

总之，宋朝廷对高丽交往的重视，再加上高丽国自身对儒家文化的仰慕，迫切购求儒家经典和佛教典籍等的需求，极大促成了宋朝与高丽之间的图书交流，使儒家文化在朝鲜半岛上进一步发展，对中华文化在东亚的传播和推广具有重要的历史意义。

宋朝对高丽的图书输入主要分官方渠道和民间渠道两种，可以说形成了官私互补的形式。在民间渠道中，宋商扮演着非常重要的角色，反映着这一时期宋朝海外贸易和交通的巨大发展。这一时期，由于东北亚政治格局的变动，宋朝输入高丽图书的路线与前朝相比出现了很

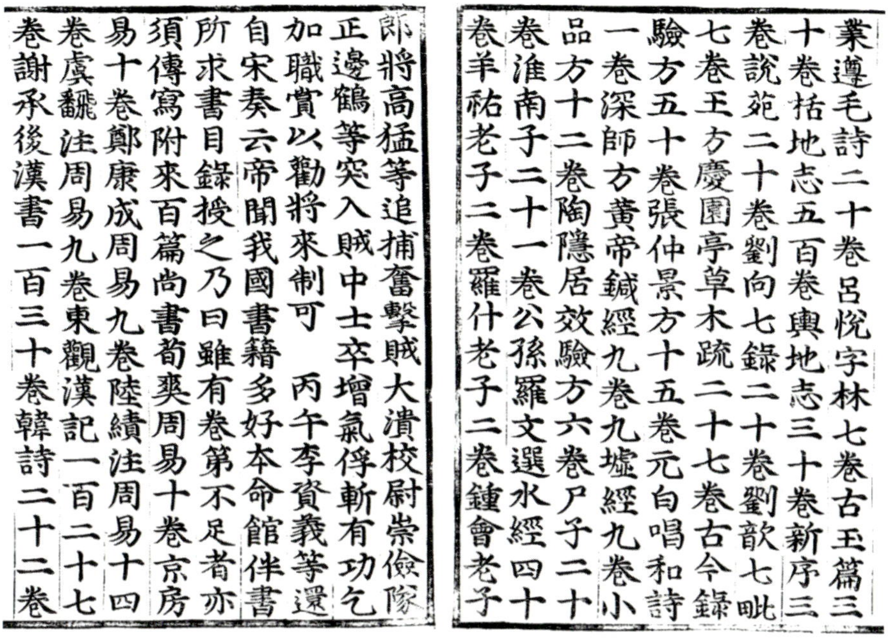

業遵毛詩二十卷呂悅字林七卷古玉篇三十卷括地志五百卷輿地志三十卷新序三卷說苑二十卷劉向七錄二十卷劉歆七略七卷王方慶園亭草木疏二十七卷古今錄驗方五十卷張仲景方十五卷元白唱和詩一卷深師方黃帝鍼經九卷九墟經九卷小品方十二卷陶隱居效驗方六卷尸子二十卷淮南子二十一卷公孫羅文選水經四十卷羊祜老子二卷羅什老子二卷鍾會老子

郎將高猛等追捕奮擊賊大潰校尉崇儉隊正邊鶴等突入賊中士卒增氣俘斬有功乞加職賞以勸將來制可　丙午李資義等還自宋奏云帝聞我國書籍多好本命館伴書所求書目錄附求百篇尚書荀爽周易十卷須傳寫附來　京房易十卷鄭康成周易九卷陸績注周易十卷虞翻注周易九卷東觀漢記一百二十七卷謝承後漢書一百三十卷韓詩二十二卷

图4　求书目录（1）

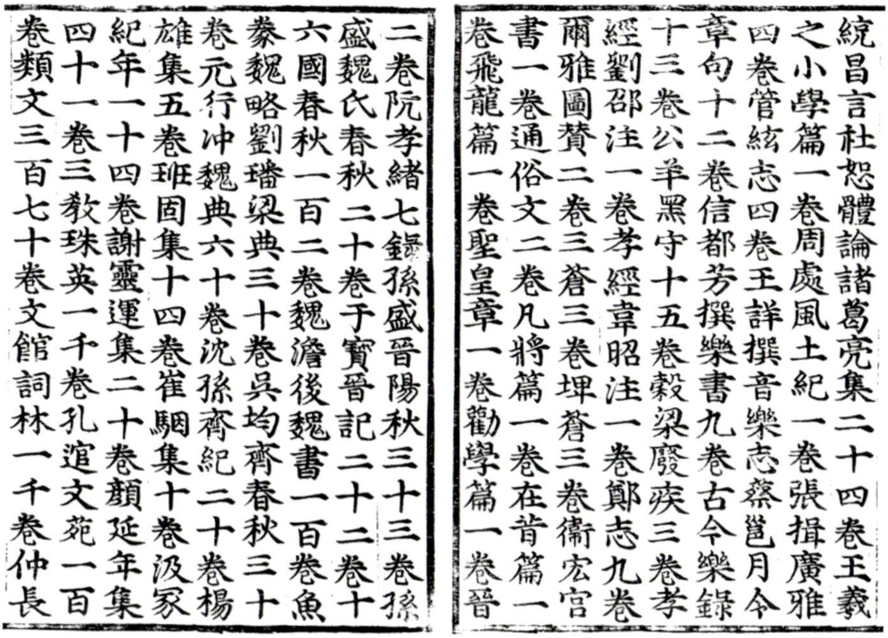

統昌言杜恕體論諸葛亮集二十四卷王義之小學篇一卷周處風土記一卷張揖廣雅四卷管輅志四卷王詳撰音樂志蔡邕月令章句十二卷信都芳撰樂書九卷古今樂錄十三卷公羊墨守十五卷穀梁廢疾三卷孝經劉邵注一卷孝經韋昭注一卷鄭志九卷爾雅圖贊二卷蒼三卷埤蒼三卷衛宏官書一卷通俗文二卷凡將篇一卷在昔篇一卷飛龍篇一卷聖皇章一卷勸學篇一卷晉

二卷阮孝緒七錄孫盛晉陽秋三十三卷孫盛魏氏春秋二十卷于寶晉記二十二卷十六國春秋一百二卷魏澹後魏書一百三十卷元行沖魏典六十卷吳均齊春秋三十卷崔鴻十六國春秋一百卷楊雄集五卷班固集十四卷崔駰集十卷顏延年集紀年十四卷謝靈運集二十卷魏略劉璠梁典三十卷沈約宋齊紀二十卷四十一卷三教珠英一千卷孔逖文苑一百卷類文三百七十卷文館詞林一千卷仲長

图5　求书目录（2）

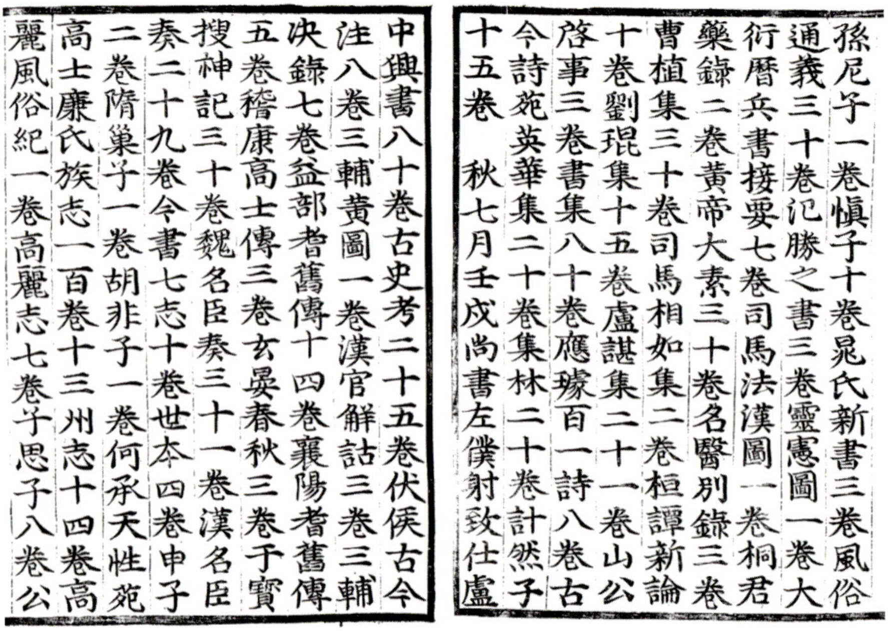
孫尼子一卷愼子十卷晁氏新書三卷風俗
通義三十卷氾勝之書三卷靈憲圖一卷大
衍曆兵書接要七卷司馬法漢圖一卷桐君
藥錄二卷黄帝大素三十卷名醫別錄三卷
曹植集三十卷司馬相如集二卷桓譚新論
十卷劉琨集十五卷盧諶集二十一卷山公
啓事三卷書集八十卷應璩百一詩八卷古
今詩苑英華集二十卷集林二十卷計然子
十五卷　秋七月壬戌尚書左僕射致仕盧
中興書八十卷古史考二十五卷伏侯古今
注八卷三輔黄圖一卷漢官解詁三卷三輔
決錄七卷益部耆舊傳十四卷襄陽耆舊傳
五卷稽康高士傳三卷玄晏春秋三卷干寶
搜神記三十卷魏名臣奏三十一卷漢名臣
奏二十九卷今書七志十卷世本四卷申子
二卷隋巢子一卷胡非子一卷何承天性苑
高士廉氏族志一百卷十三州志十四卷高
麗風俗紀一卷高麗志七卷子思子八卷公

图6　求书目录（3）

大变化，而高丽在大力引进中国典籍的同时，随着自身图书雕版印刷业的发达以及保存中国亡佚古书的优势，也不断地将一些珍贵的中国典籍回流，形成了宋朝与高丽图书交流的良性运行，谱写了一曲宋丽文化交流的优美篇章。

（作者单位：河北大学宋史研究中心）

高丽王子与高丽寺

尹晓宁

> 江湖万里片帆开，特泛兰舟大国来。
> 七祖继传今晋水，五时仍旧习天台。
> 敷荣道种芳千叶，莹净心珠绝尘埃。
> 今日浮杯东海去，天花散乱满楼台。

此诗出自北宋梵天寺僧人德懋。说的是当时有一位高丽王子泛海而来，入宋求法，于杭州慧因寺晋水净源法师处访求华严教法，又从慈辩从谏法师习天台教法的故事。"大觉西游，教观东流"，成就了中国与朝鲜半岛文化交流史上的一段佳话。

一、"王蒲团"与高丽寺

北宋庆历年间（1041—1048），杭州西湖西南慧因禅院破败的廊庑之下，有一个以织蒲团为业的老翁，人知其姓而不知其名，只唤他叫"王蒲团"。王蒲团身形羸瘦，麻屣鹑衣，和叫花子差不多。但就是这样一个贫病交加的人，却把卖蒲团所得，施舍给慧因寺的僧人和乞丐，人们都讥笑他的愚痴。后来，王蒲团的衰朽之躯已不能再织蒲团，生活无以为继，一日竟饿死于道旁。此时，一士子路过，认出王蒲团，感慨道："这不是王蒲团吗？佛家讲因果，如此乐善好施之人，施而不报，岂不一切枉然？"遂在其臂膊上写了"果报"二字，然后买了一口棺材，埋葬了王蒲团。

事情并未就此结束。后来，此士子高中进士，以主客郎的身份奉命出使高丽国。高丽国文宗当国，在寝殿设宴招待使者。闲谈间，文宗言及自己的一个儿子颇有宿慧，臂有胎记，仿佛"果报"二字，并引来一见。两人一见如故，王子展臂给使者看，宛然使者当年所书。使者说出此因缘，文宗大惊，遂允王子所请，出家为僧，改名"义天"，封"祐世僧统"。次年，义天求法中国，从晋水净源受《华严经》教，礼天竺寺慈辩法师，得天台教观之旨。回国后，又赠金书《华严》三种译本于慧因寺，并建华严阁收藏这些经书。慧因寺由是又称"高丽寺"，成为华严宗的祖庭。

以上这则故事在宋元之际颇有流传。元代著名的茅山派道士张雨（1283—1350）写下《王蒲团传》，记录了这段传说，收录在慧因寺的寺志之中，算是"高丽寺"之名的民间缘起。据说故事中买棺埋葬王蒲团的士子就是后来伴随义天一路南下求法的北宋著名佛学家无为子杨杰。

二、慧因禅院的贵人

杭州是"东南佛国"，丛林星布，为大德住锡，龙居象据之地。故事中的慧因寺，是创建于吴越国时期的一座古寺，是吴越王钱镠的功德寺，曾经气度恢宏，规模壮丽，只因山幽地僻，日渐衰落。北宋神宗元丰八年（1085），蒲宗孟出守杭州，公暇之余，率宾僚优游湖山，偶历南山慧因禅院，见庙宇破败，颇生感慨，有意修葺。寺院住持善思长老因病请辞，此时，高丽国僧统义天拜谒了杭州祥符寺高僧晋水净源，僧正司知净源为声闻异域的大德，便礼请他住持慧因寺，慧因寺由此复振。因净源所传不是禅宗，而是华严教，三年后遂改慧因禅院为慧因教院，后来被俗间称为"高丽寺"。

故事的主角高丽王子义天（1055—1101）俗姓王，名煦，字义天，是高丽国文宗第四子，因避哲宗讳，以字行。义天11岁时便有出世之志，发愿出家，并由景德国师烂圆主持仪式，削发为僧，在灵通寺随烂圆学法，因独具慧解，很快便成了高丽国一代名僧（图1）。15岁时，他被封为"广智开宗弘真佑世僧统"，"僧统"就是统监全国僧尼事务之僧官。随后，义天法师入宋求法，才衍出一段"大觉西游，教观东流"的故事，成就了两国佛教交流史上的千年佳话。

慧因寺住持净源法师（1011—1088）俗姓杨，字伯长，泉州晋水（今福建晋江）人。净源曾赴五台山求学于华严名僧承迁，又南下从长水子璿学习《楞严经》《圆觉经》《起信论》。子璿对《楞严经》和《起信论》的重视，深刻影响了净源的华严学。自唐武宗、周世宗

图1 义天坐像

灭佛之后，曾一度兴盛于唐代的华严宗法脉断绝，典籍星散，净源一生致力于弘扬华严宗，被称为宋代华严宗的"中兴教主"。

三、大觉西游，教观东流

中土佛教西来东渐，源远流长。前秦苻坚便曾遣使及浮屠道顺送佛像、经文给高句丽，为"海东佛法之始"。隋唐时期，中国佛教的所有宗派都已传入朝鲜半岛，并成为国教。进入宋代，两地佛学交往依旧频繁。义天应该是从往来于宋与高丽之间的商人那里得到了净源法师的画像和著作，高山仰止，赞叹不已。数年间，二人互酬书状，义天表达了拳拳求法之心，净源也有口传心授之意。于是义天入宋求法之心愈发强烈。

高丽国自王建开国以来，便多次与辽朝发生战争。自宋辽澶渊之盟后，已无后顾之忧的辽朝对高丽加强了进攻。一直仰慕中国文物礼乐的高丽国在强大的军事压力之下不得不称臣纳贡，奉辽正朔，并断绝了与宋朝的官方往来。文宗当国之时（1046—1083），高丽与宋的关系已经有所恢复，但高丽正在请辽朝赐予鸭绿江以东保州等处土地，不敢与宋有密切交往。义天正是在此时提出入宋求法的请求，自然不会得到允许。义天之兄宣宗王运即位（1084）之后，义天又多次诚请，群臣依旧畏惧辽朝，"极言不可"，仍旧不能成行。

然而，净源的风德早已在这位高丽王子内心生起无量法喜，负笈入宋寻师之心日切一日。高丽宣宗二年四月庚午，即宋元丰八年（1085）四月庚午（初七），僧统义天给宣宗及太后留下一封书信之后，趁夜色与门徒寿介等人微服出京至贞州，在初八佛诞之日搭乘宋商林宁的商船浮海而来。这位林宁可能和徐戬一样，是一位与净源法师关系密切的泉州商人，与高丽国王室有长期交往。他们不但从事货物贸易，也经常扮演宋丽之间的信使。义天也是从林宁这样的商人那里获得净源法师的信息并建立起联系。

元丰八年五月甲午（十二），历经一个多月的海上航行，义天一行在密州（山东胶州）板桥镇登陆。密州知州范锷热情接待了义天等人。其实，义天此行，宋廷早已知晓。在元丰七年的时候，宋廷就对义天的参访做出了礼仪方面的安排，只是宣宗不许，未能成行，而此次义天微服潜行，乘商船浮海而来，也是宋廷的秘密策划，可能和宋廷"联丽制辽"的政策有关。所以虽然高丽国宣宗得到义天"潜行"的消息之后还是派了官员和僧侣随行，但《高丽史节要》中还是留下了"释煦逃入宋"的记载。

宋廷为显示"待遇恩义"，对义天一行是按照"王子赴阙"的规格接待的，馆设、仪式、引伴、沿途供给等皆极尽周到，不曾稍有削薄。除了密州知州范锷"迎劳"之外，宋廷还委派主客员外郎苏注为引伴使，去密州迎接义天一行并陪同赴京。五月二十一日，义天奉诏从密州启程南下海州（江苏连云港），然后由海州西行经宿州（安徽宿州）、南京（河南商丘），一路参访，于七月六日抵达北宋都城汴京（河南开封）。

此时宋神宗已经去世，年仅10岁的哲宗即位。义天到达汴京后，宋哲宗及太皇太后高氏便在垂拱殿召见了这位高丽王子，并热情款待，义天也进奉了佛像等物。次日，义天即上表愿"遍参名德"，"承师受业"。有司推荐东京觉严寺有诚法师。此师"讲《华严经》历席最久"，"高行远识，近世讲人莫有出其右者"，堪称师范，朝廷遂予应允。七月十四日，义天拜见有诚法师。有诚法师戒行高严，德风浩荡，智慧圆觉，使这位酷暑中的高丽王子如入清凉世界，于是抠衣下拜行弟子礼，有诚法师再三推辞不过，勉强接受。义天最为用心的是华严、天台二宗，有诚法师为其解说二宗判教同异，曲尽奥义。同时，二人还互通经论法本，义天带来的一些中土失传的佛学典籍令有诚法师欢喜无量，得未曾有。义天向有诚法师寻访唐代华严五祖圭峰宗密的《圆觉大疏》，有诚法师告诉他，京师未曾听说有此书流传，可向钱塘净源法师及浙右诸方教院处寻访。有诚法师对义天的学道之心和传法之志赞叹不已，把他比作昔日新罗入唐求法，后来成为海东华严初祖的义想法师。有诚知义天此来的因缘在杭州净源法师处，而自己"年运以往"，于是上表推荐净源以自代。

义天法师在京师住了一个多月，除觉严寺有诚法师之外，他还参访了相国寺圆照宗本禅师等京师大德。宗本问义天所学，义天对以《华严》。宗本又问"《华严经》讲三身佛，那么是报身说法？化身说法？还是法身说法？"义天回答："是法身说法。"宗本又问："法身遍周恒沙世界，当时听众何处蹲立？"宗本的锐利机锋让义天叹服不已，愈加礼敬。宗本禅师也对义天的诚心求法赞叹不已，以偈赞云："谁人万里洪波上，为法忘躯效善财。想得阎浮应罕有，优昙花向火中开。"在兴国寺，他还参拜了中印度摩揭陀国那烂陀寺僧天吉祥，请教西天之事。其谦谦之风，乾乾之笃，赢得广泛赞誉，声名大震。随后，义天上《乞就杭州源阇梨处学法表》，云："向者于故国，偶得两浙净源讲主开释贤首祖教文字，披而有感，阅以忘疲，乃坚慕义之心，遥叙为资之礼……伏乞皇帝陛下，念急听卑，仁敦从欲，日俞之命，荐降于纶言，奉诲之心，俾成于素愿。"哲宗皇帝允其请，命主客员外郎杨杰为送伴使陪同义天一行沿运河南下杭州。

杨杰之所以会被张雨编入《王蒲团》这则故事里，因他并非无名之辈。杨杰，字次公，无为（今安徽无为）人，故自号无为子，世称杨无为，是对禅宗、净土宗和华严宗都颇有造诣的著名居士，与十方丛林关系稔熟。禅宗在《丛林盛事》中说："本朝士大夫为当代尊宿撰语录序，语句斩绝者，无出山谷（黄庭坚）、无为（杨杰）、无尽（张商英）三大老。"而净土宗在《乐邦文类》中也说："本朝士大夫洪赞净土，入正定聚者唯公（杨杰）泊王敏仲（王古）侍郎二人而已。"他本人也以禅净双修闻名佛教界。他与京师有诚法师关系密切，向他学习华严教法。以杨杰为义天僧统的送伴使，实是不二人选。

义天、杨杰一行沿运河南下。一路上，十方丛林皆以王公之礼盛情接待。不久，义天一行渡长江到达润州（江苏镇江），拜谒金山寺鼎鼎大名的佛印了元禅师（1032—1098）。了元禅师端坐禅床，出于景仰，义天向了元禅师大礼叩拜，并赠送香炉、袈裟、经籍等礼物。了元禅师安然受之。立于一旁的杨杰认为失礼，吃惊不小，暗问了元何以如此。了元禅师说："义天虽是异域僧人，但僧有丛林规矩在，不可更改。众姓出家，同名释子，岂有门第种姓之别？"杨杰质问："居高临下，不循世俗，有意和其他丛林不同，难道这就是您的本意？"了元禅师说："并非如此，屈道随俗，诸大丛林已经缺失道眼，倘如此何以彰显我华夏足堪师法？"杨杰深感佩服。对义天僧统的馈赠，了元禅师也作诗六首，表达谢意。《仙凤寺碑》记载此次会面，为"稀世之遇"，"如夫子见温伯雪子，目击而道存"。

义天等拜别佛印了元禅师，一路前行，初秋之际抵达杭州，遂至大中祥符寺（在今杭州延安路与凤起路交叉口东北）拜谒华严泰斗净源法师。义天一见源公，夙愿得偿，内心激动，膝行而前，如见有诚法师之礼。源公俨然而坐。义天祈请道："义天仰慕道谊，求法心切，以日为岁，今不惮艰险，百舍来谒，祈愿法师开金口玉音，促我觉悟。"净源法师满面春风地说："昔日天台智𫖮大师求法时，为见南岳慧思禅师，不避陈齐刀兵之险，拜于慧思禅师座下。慧思一见便道：'昔在灵山同听《法华》，宿缘所追，今复来矣。'智𫖮得慧思教法，证入法华三昧。今僧统此来。焉知非夙缘所致？僧统不必膝行，我会将所闻倾囊相授。"于是两人一问一答，针芥相投，高丽王子如沐春风，自此朝听夕请，法喜无量。

杭州佳山水，法门集龙象。义天正可参龙象之会，闻云雷妙音，诸宗法义，多得于此地。除华严宗外，义天还对智𫖮大师创建的中国佛教宗派天台宗极为钟情。在高丽国时，义天就听闻杭州天台宗慈辩从谏法师大名。从谏法师为天台宗"山家派"高僧知礼的法孙。义天来杭时，从谏法师刚在辩才法师的推荐下由净慈寺住持上天竺，传天台法脉。于是义天便拜从谏法师座下，听闻天台法教，深得"一心三观"法要。此外，义天还求法于南山律宗灵芝寺大智元照律师，元照大师为其讲解律宗大要，并授菩萨戒。

元祐元年（1086）年正月，知州蒲宗孟延请净源主慧因寺法席，义天遂一同前往。由此开始，这位高丽王子与慧因寺正式结缘。净源入慧因寺开讲周译《华严经》，义天施钱营斋，帮助吸引了大量学徒。净源法师作为华严宗中兴教主的重要贡献之一便是建立了华严宗的新法系，确立据传为《大乘起信论》作者印度马鸣菩萨为华严宗初祖，龙树菩萨为二祖，加上杜顺到宗密的5位唐代祖师，构成"华严宗七祖"。在此前净源住锡过的三处丛林（苏州报恩寺、秀水（浙江嘉兴）青镇密印宝阁和华亭（上海松江）普照善住宝阁），皆置华严经藏及七祖像，但杭州慧因寺却没有。杨杰及蒲宗孟心知其意，助力营造七祖堂，安置经藏及祖师画像，义天舍银并置教藏7500余卷，慧因寺面貌焕然一新。

正当义天在宋求法，探求华严、天台玄奥之际，远在高丽的母亲仁睿王后思子心切，寝食不安，命宣宗上表宋廷乞令义天归国。于是，哲宗下诏召义天赴京，义天不得不再次北上。从谏法师知义天有滞留求法之意，劝他不可为经背母，使母忧忆，特赠手炉、如意以为传法信物，并作诗相赠，中有"芳香流去金炉上，法语亲传犀柄中。他日海东敷演处，智灯千焰照无穷。"借此二物表达对义天将天台宗教法复振于海东高丽的信心。净源法师则因传法未竟，同舟前往，一路讲学不辍。

元祐元年闰二月二十三日，义天再次到达京师汴梁，5 日后于垂拱殿拜别哲宗及皇太后，宋廷对其赐礼有加。在京期间，义天再次拜访有诚法师，有诚法师也以诗赠义天，中有"华严妙旨符三观，方广幽宗会十玄。珍重分灯归海国，一乘光阐大因缘。"期许义天能将《大方广佛华严经》一乘圆教十玄门、法界三观等要旨传播海东。

三月初二，义天一行再次沿运河南下明州（浙江宁波），欲顺海流归高丽，仍由杨杰陪同，同时开启第二次游历参访。义天一路南下至秀州，至真如寺瞻仰净源法师之师子璿法师的塔陵，见塔亭已倾圮，于是捐资嘱寺僧修葺。四月间，义天与净源回到杭州慧因寺。净源为义天最后一次传法后，对义天说："愿僧统归，广做佛事，传一灯，使百千灯，相续而无穷。"然后将经书、香炉、拂尘授予义天，以为传法信物，并作诗二首相赠。其一云："青炉黑拂资谈柄，同陟莲台五十年。近日皆传东海国，焚挥说法度人天。"其二云："离国心忙海上尘，归时身遇浙江春。休言求法多贤哲，自古王宫只一人。"义天也和诗一首，表达感激之情："遥结因缘应累劫，忝窥章句又多年。今承信具增何愿，慧日光前睹义天。"馆伴使杨杰作《大宋慧因院净源法师真赞》，并记此事云："了此一尘，圆融十身，不举一步，遍周诸土。王子僧来印上乘,炉拂亲传海东去。"

辞别净源,义天南行天台国清寺,登定光佛陇,礼智者大师(智顗)塔,并于塔下发誓云:"某发愤忘身,寻师问道。今已钱塘慈辩大师讲下,承禀教观,粗知大略。他日还乡,尽命弘扬,以报大师为物设教劬劳之德。此其誓也!"离开国清寺,义天来到明州,参访阿育王寺大觉禅师怀琏。五月二十日,义天僧统随高丽国朝贺使自定海乘信风放洋归国,完成了这次两国文化交流史上的壮举。

义天此次泛海西来求法,历时14个月,"所至名山胜境,诸有圣迹,无不瞻礼。所遇高僧50余人,亦皆咨问法要"。除华严、天台之外,禅宗、律宗、西天梵学等也广取博收,实可谓满载而归。杨杰赞叹他"真宏法大菩萨之行者"。

义天入宋求法,对高丽国的佛教产生了巨大的推动作用。他带回大量宋朝佛教经籍,先后入住洪圆寺、海印寺、国清寺,宣讲教理,尽妙穷神,学者云集,得未曾有。他还搜集、校勘、刊印大量佛经,完成《新编诸宗教藏总录》,又先后求得诸宗教藏四千余卷,主持编纂的《高丽教藏》规模宏大,成就卓然。另有《圆宗文类》22卷、《释苑词林》等。他平息禅教纷争,不仅复兴华严宗,还践行塔下誓言,创立高丽天台宗,与高丽禅宗普照知讷禅师一起被誉为"高丽佛教双璧"。只可惜,由于过度辛劳,义天僧统于高丽肃宗六年(1101)秋示疾,冬十月五日壬辰,右胁而化,享年47岁,僧腊36岁,走完了短暂而壮阔的一生。肃宗册封义天为"国师",谥"大觉"。

义天入宋求法,也是一次佛法外交活动,宋丽之间自天圣九年(1031)因辽朝原因中断半个世纪的官方关系因此得以恢复,官民往来日益频繁,政治、经济、文化联系日益密切。义天此行,实为破冰之旅。

四、华严中兴，庙宇重新

义天此行，也是中国佛教华严宗发展史上的大事。《华严经》号称"众经之王"，据说是释迦牟尼佛证悟之后只为菩萨宣说的第一部经典。今日世间流传的《华严经》是后来印度龙树菩萨于龙宫带出的下本《华严经》。华严宗教理玄妙，重重无尽。今天广为流传的"普贤行愿品""净行品"以及"善财童子五十三参拜普贤"的故事等都出自此经。"一花一世界，一叶一如来"也是源自华严宗。明代憨山大师曾感慨："不读《华严》，不知佛家之富贵。"自唐代高僧法藏创宗以来，华严教前追杜顺、智俨，后续澄观、宗密，前后五祖，盛极一时。著名的龙门石窟"华严三圣"像，就出自那个华严宗的时代。然自唐武宗、周世宗灭佛之后，华严宗法脉衰微，经典散落，至宋之子璿禅师，也是主修禅宗，旁及华严而已，直至其弟子晋水净源，才锐意华严，立志复兴教法。此时，义天僧统的到来成为华严宗中兴的一大助缘，也使慧因寺成为华严宗中兴之地，法脉得以延续，从此不绝。

义天归国后，一直与慧因寺保持密切联系。元祐三年（1088），奉兄宣宗王运及母后之命，以"青纸金书晋义熙、唐证圣、正元中所译《华严经》三本凡一百七十卷，附海舟舍入源师所住慧因教院，以报皇帝之德"，又有云华智俨法师《华严搜玄记》《华严孔目章》《无性摄论疏》《起信论义记》，贤首法藏法师《华严探玄记》《起信别记》《法界无差别论疏》《十二门论疏》《三宝诸章门》，清凉澄观法师《正元新译华严经疏》，圭峰宗密法师《华严论贯》等，凡600函，皆"象签金轴，包甀严饰"。这些典籍自唐末五代以来在中国已散失殆尽，正是义天僧统使这些珍贵典籍得以重归故土。但凡了解华严宗的人都知晓这些典籍的分量，可以想见当时净源长老见到这些经典时，必然老泪纵横。为了珍藏这些典籍，哲宗元符元年（1098），义天又施金2 000两修建华严经阁，只可惜经阁建成之时，义天法师已经圆寂。正因义天的捐赠，慧因寺成为华严宗典籍最为完备的寺院，并成为华严宗中兴祖庭，净源法师有此助缘成为"中兴教主"。为此之故，俗间称慧因教院为"高丽寺"。

南宋初年，高丽寺一度被官府占用为两浙大试院。孝宗时，在住持惠高的祈请下，归还了寺院。宁宗还亲往华严阁检阅高丽国义天所进金字《华严经》，并御书阁额。理宗后期，更是将查没的千余亩良田赐给高丽寺，"永远为业"。

入元后，高丽国仍旧与慧因寺有密切联系。皇庆元年（1312）高丽国驸马都尉、太尉沈王璋上疏云："杭州高丽慧因华严寺，实我东国王子大觉国师传法道场……王子有饮浙江水千亿年心，持大藏华严经，得跨蓬莱风三万里意，扬舱东海，卓锡西湖"，把"求法"说成"传法"，派遣使者到杭州修缮慧因寺，并印造《大藏尊经》50 藏，藏于慧因、上天竺、下天竺等10处名刹。次年，高丽国相退翁元瓘也派人在杭州督印经典一藏，置于宝轮藏中，又购买田米作为慧因寺寺产，"永充僧饭"。慧因高丽寺的兴盛一直维持到元末。

高丽寺在元末明初之际备受战火摧残，"遭兵之厄，十遗一二"，寺僧几次复兴，都没有成功。至明隆庆元年（1567），如通、悟玄、明慧三位僧人化缘募捐欲复兴殿宇。自万历二年（1574）至万历六年（1578），历时5年，殿宇再复恢宏。万历四十三年（1615），吕纯如再度修缮高丽寺，修复后的高丽寺又维持了两百多年的香火。乾隆二次南巡时（1757），还曾亲临高丽寺，并赐改寺名为"法云寺"。清朝后期，高丽寺再次毁于洪杨之变，逐渐淡出杭州人的记忆，直至1996年

图 2　复建后的慧因高丽寺

据传为慧因高丽寺护法伽蓝的苏东坡石像出土。

2004年,杭州市参照《古高丽寺图》复建这座历史名刹,并把它列为湖西36处历史文化景点之一。2007年慧因高丽寺**(图2)** 复建完成,采用宋式建筑风格,有照壁、天王殿、放生池、大雄宝殿、轮藏殿、华严经阁等建筑。轮藏殿内藏有世界第一高的转轮藏,高达13.6米,通身用楠木雕就,饰以金箔。如今的慧因高丽寺,虽无僧侣,却因那段高丽王子西游求法,净源法师中兴华严的故事,成为中国与朝鲜半岛文化交流的历史见证。

(作者单位:杭州市社会科学院南宋史研究中心)

从文莱发现宋墓看宋代中国与东南亚的经济交往

张锦鹏

说到宋代中国与东南亚地区的交往关系，首先要认识一位著名的汉学家，他叫傅吾康（Wolfgang Franke，1912—2007），德国学者，研究中国历史。他在马来西亚大学和新加坡南洋大学等学校任教期间，对东南亚的华人文化古迹产生浓厚兴趣，遍访东南亚各国，搜罗各地的华文庙碑、墓碑等铭文。1972年3月，傅吾康访问文莱时，在文莱博物馆馆长的指引下，在旧穆斯林公墓辨识发现了一块古老的中文墓碑，上书："有宋泉州判院蒲公之墓，景定甲子男应甲立。"

这可是一个巨大的发现！古墓上记录的年代，无疑是南宋理宗皇帝的最后一个年号，即公元1264年，表明这是迄今为止在东南亚地区所发现的最早中文碑文，是宋代中国与东南亚地区交往交流的重要历史物证！这一发现立刻引起了海外史学界的轰动，新、马、中国港台等地报刊纷纷进行报道。学界还对这块墓碑的主人是中国人还是中国化的阿拉伯人进行了激烈的争论。傅吾康从他的官职、中式墓碑以及葬于文莱穆斯林墓地这几方面推测"蒲公"应为中国化的阿拉伯人,在中国地方上有一定影响。中国学者庄为玑和他的学生林少川以新发现的《西山杂志·蒲厝》手抄本资料为依据,考证为"蒲公"为"进士蒲宗闵",是蒲寿庚的先世。这事实上是证实了傅吾康的推测。不过,因《西山杂志》手抄本的史料有多处存疑,这一考证受到了一些学者的质疑,质疑的重点并非否认墓碑主人是阿拉伯人,而是墓碑主人是否"进士蒲宗闵"其人。总体看来,墓主身份应该是一位在宋朝市舶机构做官的蕃商,或是一个对宋朝地方财政贡献甚大(招商和买官)的大蕃商,因而得到宋朝政府的授官。

尽管墓碑主人是谁的争论尚未达成定论,但这不影响这一墓碑的重要价值。这块墓碑,不仅碑文清楚地用中文篆刻,而且对石碑石料的考察也表明这是一块在中国雕刻后运往文莱的墓碑。这一宋代交通古迹,真切地反映了早在13世纪的宋朝,中国与东南亚地区已经有密切的联系。不唯如此,在中国的史籍中,宋代海商"梯航万国",远航南海(泛指中国东南向南的西太平洋、印度洋海域及沿海各地区)进行海外贸易的事迹也多有记载。

成书于宋代、以搜罗民间故事辑录而成的《夷坚志》,就记载有海商远航遇海难漂泊至某一海岛的故事。其中《岛上妇人》讲的是一海商想到三佛齐(在今苏门答腊东南部)做生意。因当时海风过快,航行速度无法控制而偏航,不幸触礁船碎,全船其他人落水溺亡,只有他抱住了一块木板而幸存。在海上漂流三天后,他漂流到一个小岛。海商登岸后,发现一条整洁平坦小路,顺着小路走了很久,见到一女子,全身没有一丝衣缕,说话也听不懂。女子见到海商非常高兴,把他带回了石屋中，与她共同生活。开始时女子对海商严加看管，只要她外出就用大石头把石屋堵住，一段时间后，女子就听任海商自由活动。海商和女子生活了七八年，生了三个孩子。一天，海商到海边散步，看到一艘船停在岸边，上前询问，发现船员也是泉州人，因风浪漂泊至此。再一仔细询问，竟然船上有旧相识，于是急急忙忙登上了船。等女子赶来时，船已启航，女子无可奈何，狂呼谩骂，悲痛欲绝。海商从船上出来，揖手谢别女子，亦泪流满面，但船已张帆快驰，海商得以回到泉州。

《夷坚志》中还有一个故事《无缝船》，故事记载了南宋绍兴二十年（1150）在福建甘棠港入港的一艘船，船满载沉香和檀香等香料，有数千斤之多。船上有三男子、一女子，其中一个男子是福州人，据他所言，十三年前他出海经商时遇海难，抱一木漂浮至一个大岛得以生还。因为他平素喜欢吹笛子，常常在腰间别支竹笛。岛上的人引他去见主人（国王），主人是个喜欢音乐的人，见他腰间的笛子，大喜，就留他在岛内住下，十分周到地为他安排衣食住行，还为他娶了妻子。因为语言不相通，也不知道这个国家的名字。但是岛上的人似乎知道他是中国人，有一天他们要出海，就约他一起去，行驶了两个月，即达此地（福建甘棠港）。甘棠港负责海防的长官巡视这条船，发现这是用独木凿出来的无缝舟，里面有一个小仓，是女子住的地方，两个男子都是他兄长，身上都用布为衣以蔽体，用一条带子束发，赤脚。长官赠酒给他们喝，他们跪坐，双手放在地上拜谢，然后一饮而尽。

这两个故事虽来自传闻，应该说具有较强的真实性。远航的中国海商因海难漂滞于某一海岛，这类事情十分常见。根据所记载的信息来看，出海航行一两月，遇到风浪，船上漂泊一两天即可到达的海岛，大概就是位于中南半岛、马来西亚半岛以及菲律宾群岛一带的大小岛屿。这些岛屿，大岛上有文明开化的国家和人民，小岛屿有未开化的原住民，也符合事实。这与南宋官员赵汝适撰写的《诸蕃志》上记载的东南亚各国情况也大致相同。

《诸蕃志》是作者担任泉州市舶之职时通过亲自访问外商和中国海商记录下来南海地区各国情况的一本书。此书记载南海地区的国家有58个，经考证至少有18个国家属于东南亚地区。具体为：交趾国（今河内一带为中心的越南北部）、占城国（今越南中部及南部）、真腊（今柬埔寨）、宾瞳龙国（今越南南部）、登流眉国（在马来半岛）、蒲甘国（在缅甸伊洛瓦底江中部）、三佛齐国（今苏门答腊东南部）、单马令国（即登流眉国，在马来半岛）、凌牙斯国（今北大年，在马来半岛中部）、佛啰安国（马来半岛中部西岸的董里、帕里安等港）、新拖国（在西爪哇之西北端）、蓝蓖国（在苏门答腊岛西北岸兰沙之侧）、蓝无里国（在苏门答腊岛西北端的亚齐附近）、阇婆国（今印度尼西亚的爪哇岛）、渤泥国（今文莱）、麻逸国（在吕宋群岛）、三屿（今卡拉棉群岛、巴拉望岛和布桑加岛）、毗舍耶（在菲律宾群岛上）。

在《诸蕃志》里，作者对这些国家的地理位置、风土民俗、人文历史都有或详或略的介绍。如该书记载的真腊国，从泉州下海顺风一个月左右可以到达，国都名字叫"禄兀"，经中外学者考证，此为吴哥城。无寒冷天气。国王以钻石镶嵌皇宫，殿堂雄伟，奢侈华丽。国王的宝座是五香七宝床，用纹木为杆顶着宝帐，以象牙为墙壁装饰……这些记载形象地描绘了柬埔寨国家在13世纪时期的历史文化，为东南亚历史文化留下了重要的文字记录和历史记忆。

今天的文莱，在宋代中国称之为渤泥，在婆罗洲（今加里曼丹）的西北岸。《诸蕃志》是这样记载的：渤泥在泉州东南，按顺风计，从渤泥去阇婆45程，去三佛齐40程，去占城与麻逸各30程。按宋代计算里程，一日（船行一昼夜）可以行3程，上面的行程计算符合帆船时代从文莱到这些国家的航海时间。可见宋人对文莱的地理位置及与周边地区的空间关系是十分了解的。书中还记载了该国用木板盖房子，城中居民上万人，国王统治14州。国王举办宴会，以鸣鼓吹笛、击钵歌舞为乐。书中还记载了这个国家的婚丧礼俗、宗教信仰、贸易生产、与中国的官方交往，等等，十分详细。说明宋王朝与文莱的官方和民间的交往都很多。

不惟民间故事、文人文集记载有宋代中国与东南亚交往的历史，在中国官方历史文献中，也记载了不少来自东南亚的使者和商人与中国的朝贡贸易。商人们带着当地的土特产象牙、乳香、蔷薇水、珊瑚、真珠、槟榔等，自称是国王派来的使者，向中国的皇帝进贡献礼，表达向慕之心。如《宋史》载，太平兴国二年（997），渤泥统治者派使者施弩、蒲亚里（Abu Ali）等到中国皇宫进贡，这次他的重要目的，是将一个叫蒲鲁歇的商人引荐给中国皇帝，蒲鲁歇是第一次到中国经商。他们知道，来中国做生意，首先应向中国国王表达诚意，其次是以进贡礼物的方式，换得中国国王赏赐的礼物，这些赏赐之礼质量精湛，价值远远高于他们进贡的礼物，这也是商人们常常冒充国家使者向中国朝贡的目的所在。

宋代皇帝以怀柔远人的态度接待这些海外来客，不仅用丰厚的礼物回赐优待贡使或外商，而且还会赐予其象征性的官职。景祐元年（1034）二月，注辇国（印度南部古国）的使者蒲押陀离等人据说受国王委托到中国进贡，得到中国国王赐象征性的官职"金紫光禄大夫、怀化将军"后返回国。这些外商带着东方大国——中国皇帝赐予的官职文书回到当地，也是可以炫耀的资本。有些来进贡的商人不幸染病身亡，朝廷得知后，还会专门派官员表达问候，并以厚礼赐予同行者，安排其返回行程。

一批批南海商人，载着一船船香药来到中国贸易，泉州、广州港停满了来自南海诸国的商船，大街上摆满了香药犀象等舶来品，前来买卖或看热闹的人摩肩接踵，热闹非凡。中国的商品也是海外国家和地区喜欢的商品，如瓷器、绢帛、白布、铜钱、铁器、金银、乐器、凉伞、木梳、漆器等，都是东南亚地区喜欢的中国商品。海商们将这些商品装满大船，乘风破浪驶向南海各地。当时，中国已能够制造出世界上最大的海舶，据宋代地方志书《梦粱录》载，"海商之舰，大小不等，大者五千料，可载五六百人。中等二千料至一千料，亦可载二三百人"。可见宋人制造的海舶之大。1974年，泉州后渚港出土了一艘南宋末年的"福船"型海船，船体残长24.2米，残宽9.15米，估计载重约200吨，排水量可达600吨。2007年12月，南宋沉船"南海一号"整体打捞出水，经测量，船体长30.4米，宽9.8米，高约4米（不含桅杆）。这是迄今为止发现年代最早、船体最大、保存最完整的古代远洋贸易商船。宋商的商船上还配备了罗盘、指南针、水密隔舱等"黑科技"，可以在云晦夜暗的海上辨识方向，大大提高了航海的安全性和航行线路的准确性。

在造船技术和航海技术的加持下，中国海商们可乘风破浪"梯航万国"。中国海商们在南海地区去得最多的、了解最深的自然是东南亚各国。究其原因，首先是地理空间上的接近性，中国与东南亚地区很早就有了经济文化方面的交往。早期的海上交通，是从南中国海沿海岸线南下，其线路大抵从今天的越南、柬埔寨、泰国沿海一线航行，可达马来西亚、印度尼西亚等地。顺海岸线行驶，既方便补给淡水食物，遇到风暴也可及时靠岸避险。到宋代，中国可以建造抗击强风浪的大海舶，也积累了先进的航海技术，中国海舶更是无所畏惧地驰骋在东南亚海域,东南亚的一些国家,很早就出现在中国的官方史书里,如真腊国,最早出现在中国史书《三国志》中,当时称为"扶南"。《梁书》记载,扶南国在海西大湾中,其城距海有500里,有条大江宽10里,从西北向东流入海里。今天我们知道,这条大江就是湄公河。《隋书》载真腊国即昔日之扶南。《宋史》记载,真腊国有铜台,在铜台上列立铜塔24座、铜象8座。这些信息的增加,说明中国对这一地区的认识在不断增长。

其二是东南亚地区所产物品是中国人喜爱的商品,巨大的利润空间吸引了中国海商纷纷走向东南亚。中国的皇室和贵族阶层以拥有象牙、真珠、龙涎香等名贵产品为荣,这些物产主要出产于东南亚地区。这类奢侈品价格高昂,如龙涎香在广州市场销售,品质高者一两价值十万钱,品质一般者也要五六万钱。普通百姓消费不起这些奢侈品,日常生活却离不开海外舶来品香药。吃斋念佛的居士,每日要焚香静心;讲究的女士,要用香料熏香衣服;家中举办宴席,菜肴必以香料为佐料;生病看大夫,大夫的药方也多以香药伍配药方。宋代市场销售的香药,几乎都来自东南亚地区,因为东南亚出产多种香药,产量大、质量优。如阇婆国出龙脑、玳瑁、檀香、茴香、豆蔻、胡椒等,占城出产笺香、沉香、速香等,凌牙斯加国出产速暂香、生香、龙脑等。此外,还有东南亚盛产的吉贝、黄腊、苏木、红花、槟榔等,都是中国人民喜爱的商品。对于商人而言,远洋跋涉深入产地采购,自然是成本低廉,一本万利。这便是驱使中国海商们无所畏惧乘风破浪一路驶向东南亚地区的目的。

东南亚各国也非常期待中国商人们的到来。根据《诸蕃志》记载,当中国商船抵达渤泥国港口,在三日之内,国王会亲自率眷属和下属到船慰问。船员们也搭上用织锦包裹起来的跳板,列队肃立欢迎国王驾到，并敬献酒礼、献上金银器皿凉席凉伞等物。待海商泊好船舶上岸后，他们会每天给国王敬献中国菜肴，看来国王对中国的美食情有独钟。所以，海商们要前往渤泥做生意，必定在国内请一两个优秀厨师一同前往。这样过了几个月，才请求国王及他左右的官员论定物价。定价后，国王下属就会鸣鼓召唤远近人民前来贸易，中国商人就可以自由地与民众贸易了。

三佛齐国是南海诸国最大国，扼马六甲海峡和巽他海峡这两个中西方交通贸易的黄金水道，为各国商品货物聚运之处，故万商云集，舟舶辐辏，国家因而富甲一方。当地的特产是：玳瑁、龙脑、沉香、速暂香、粗熟香、降真香、丁香、檀香、豆蔻。另外，还有真珠、乳香、蔷薇水、栀子花、腽肭脐、没药、芦荟、阿魏、木香、苏合油、象牙、珊瑚树、猫儿睛、琥珀、蕃布、番剑等，这些都是来自阿拉伯地区的物产，荟萃于三佛齐。商人们用来自中国的金、银、瓷器、铁、锦绫、缬帛、糖、酒、米、干良姜、大黄、樟脑等交易当地特产和来自阿拉伯的商品。

占城国靠近交趾，从泉州出发到占城顺风20程，大约7天。商船到达该国，立即派官员上船抄物品数量，监督其搬运上岸，从中按10取2的方式抽税后，听任交易。这一抽分方式与南宋大致相同。宋代的中国有专门的市舶司，负责管理海外贸易。外国商船进入中国港口，也是由市舶官员登船查看货物，要求其至专门的仓库卸货，然后按一定的比例抽分入官，之后方可在市场上自由贸易。不过，官府抽税的税率通常是10抽1，有时还采用30抽1的优惠税率。由此可见，占城国的抽分之法，是在"抄中国的作业"，只不过官府的税率比宋朝要高出不少。

在宋朝与东南亚的海外贸易中，还有一个重要群体，那就是阿拉伯商人。事实上，东南亚的香药、犀象，大多数是阿拉伯商人在东南亚、南亚地区采购后运到中国销售的，他们的商队浩大，往来一次载运的香药数量巨大。《宋史》记载，大食（泛指阿拉伯地区）蕃客啰辛一次贩入乳香30万缗。大食人蒲亚里进贡大象牙209颗，大犀牛角35个。在泉州、广州等港口，随处可见信仰穆斯林的阿拉伯商人，城市还专辟蕃商区给外商们居住，还允许他们建蕃学、建宗教活动场所。不少外商来到中国长期居住，最后都中国化了。

中国与东南亚海外贸易的发展，在促进经济交往的同时，对文化交流也有重要的推动作用。以佛教为例，佛教起源于印度，在公元前后传入中国。中印之间佛教的交流多从海路经东南亚传播，对东南亚地区的佛教文化的发展起到积极影响。海内外求法弘法的僧人，多搭载商船往来其间，东南亚是高僧们停歇中转之地，他们也借机在当地进行交流和传播。如东晋隆安三年（399），中国第一位赴印度求法并从海路归来的法显法师途经阇婆国。当时阇婆国的佛教尚未兴起。到了唐代僧人义净泛海至室利佛逝（都城位于苏门答腊岛的巨港），那里俨然已是佛法兴盛的佛教大国。《宋史》载，北宋太平兴国八年（983）中国僧人法遇求法印度，在三佛齐遇到印度僧人弥摩罗失黎语不多令，弥摩罗失黎语不多令写了一封信请法遇呈递宋朝廷，希望能到中国译经，该请求获得宋皇帝的同意。

随着东南亚地区的佛教发展，中国与东南亚国家之间的佛教交流也不断加强。如北宋咸平六年（1003），三佛齐国王思离咮啰无尼佛麻调华（Swriculananivarmadeva）派遣使臣来华朝贡，说本国要建佛寺，希望得到宋皇帝赐名和赐钟。于是宋皇帝赐寺名为"承天万寿"，并赐赠大钟。天禧元年（1017），三佛齐国王霞迟苏勿吒蒲迷（Hajasumutabhūmi）派使臣蒲谋西等人来华奉呈金字表，贡真珠、象牙、梵夹经、昆仑奴。宋朝友好地接待了这些文化使者，还专程安排他们参观会林观、太清寺等宗教场所。这些都是中国与东南亚宗教文化交流的事迹。随着文化交流的深入，中国与东南亚国家之间的文化包容和文化欣赏也在更深层面上发生。1957年，在广州发现了《重修广州天庆观碑记》，上面记载了宋英宗朝时期三佛齐"地主都首领"地华伽啰出资兴建已经被焚毁的广州天庆观。该工程于宋治平四年（1067）开始修建，直到元丰二年（1079）才得以完成，工程浩大。建成后，三佛齐还为天庆观购置了"40万金钱"的田产。三佛齐是信仰佛教的国家，天庆观是道教寺观，捐资修道观并非出于自己的信仰偏好，更多的是三佛齐对中国文化的欣赏与认同，也体现了宋韵文化对三佛齐的影响。

由此可见，人与人的相互需求是人类交往的最主要动因，宋代是中国海洋经济大发展的时代，规模庞大的海外贸易，不断加深着中国与东南亚国家之间商流、人流、物流、信息流的多方互动，开辟了中国与东南亚经济和文化交流互鉴的新境界。从经济交往到文化交流，我们看到了中国与东南亚在相互学习中不断加强文化之间的相互理解，不断增进国家之间的友好关系。

（作者：云南大学中国经济史研究所）

日本入宋僧成寻笔下的北宋杭州

王海燕

杭州在唐宋时期浙江与日本的交流史上占有重要的地位。唐代就有日本的遣唐使、入唐僧经过杭州往返于越州或明州与洛阳、长安之间。以杭州为首都的吴越国,更是通过商人和僧侣的群体,促进了吴越国与日本的交流。953年,因天台德韶和尚请求佛典的书函,日本天台宗派遣僧侣日延作为送使,乘商人蒋承勋之船,携带天台宗教典至杭州。日延不仅受到了吴越国王钱弘俶的接见,而且还进入吴越国的司天台,获得了新修符天历。957年,日延带着历法以及抄写的佛教经典及儒道等经籍返回日本。

至北宋,商人与僧侣依然是日宋交往中的主要群体。当时,日本的僧侣如果没有获得日本政府的许可,是不能乘船从日本前往宋朝的。但也存在僧侣私自搭乘商船至宋朝的情况,例如入宋僧成寻。成寻是日本天台宗僧侣,崇仰天台山、五台山圣地,一直抱有巡礼圣迹的愿望与憧憬。1070年(宋熙宁三年,日本延久二年)正月,当时身为大云寺寺主的成寻上奏日本朝廷,请求前往北宋巡礼,但是没有获得日本朝廷的允准。1072年(宋熙宁五年,日本延久四年)三月十五日,60岁的成寻未经日本朝廷的许可,率领弟子7人搭乘宋海商之船离开日本,泛海赴北宋。

成寻在宋朝访问的第一座城市就是杭州，并且日后在往返天台山与开封之时也曾途经、停留杭州。《参天台五台山记》是成寻的日记，记录了他所见所闻的宋朝，是研究宋代政治、经济、社会、信仰以及对外交流等方面的珍贵史料，其中也包括了他在杭州的交流及耳闻目睹。本文拟以《参天台五台山记》的相关记录为基础，透过成寻的书写，勾勒出外国人眼中的北宋时期杭州都市风貌的若干剪影。

一、钱塘江渡口的繁盛

成寻所乘的宋商海船历经海上的辛苦颠簸，经舟山群岛，于1072年四月四日进入明州境内，但是明州没有准允商船入明州港，而是让船直接向西赴越州。翌日（五日），成寻一行随宋海商换乘河船，从杭州湾航路前往杭州。四月十二日，到达越州的萧山泊。关于萧山泊，有学者推测萧山泊就是位于萧山县衙西12里处的西兴泊（亦称西兴渡）。不过，西兴泊是浙东运河的起点，而成寻一行是走杭州湾航路至钱塘江，因此萧山泊是否确为西兴泊，有待进一步考证。

船渡钱塘，须待潮满。四月十三日早上虽有蒙蒙小雨，但巳时雨停，适逢潮满时分，成寻所乘之船乘潮出船渡钱塘江。关于钱塘潮水的景观，成寻描述道：钱塘潮水滚滚而来，音如雷声，潮水涌向江岸，拍打着岸边的防潮堤，人们纷纷观潮。他自己也因首次见到钱塘潮涌的壮观而惊奇不已，感叹道"奇怪事也"。未时，成寻一行的船到达钱塘江北岸的渡口，首先给成寻留下深刻印象的景观是林立在渡口的仓库或旅舍等建筑皆为瓦葺（瓦顶），"楼门相交"。平安时代的日本，瓦顶建筑限于寺院建筑，因此从成寻的视角来看，非寺院建筑皆瓦顶的景象，想必使他非常讶异，故而先于捍海塘记录在日记中。

除了瓦顶建筑以外，成寻还记录了方形石叠筑而成的捍海石塘，高约1丈左右（1丈约3.05米）、长约10余町（1町约109米）。众所周知，钱镠建筑的捍海塘采用的护岸结构是竹笼木桩塘。北宋时代，海塘修筑频繁，筑塘技术也进一步发展，11世纪杭州海塘出现了立墙式石塘结构。从成寻记录的石塘特征，其所见的海塘似是立墙式石塘结构。

成寻一行所到达的钱塘江北岸渡口名，虽然《参天台五台山记》仅简记为"杭州凑口"，而无具体名，但是船行进至钱塘江入运河的江口，成寻即见跨河"大桥"，并且"卖买大小船不知其数"，由此大桥极有可能是位于钱塘江边的跨浦桥。宋代诗人滕岑的《江上望西兴》诗中有"跨浦桥边万里风，客帆去尽暮江空。西兴只在斜阳里，白壁青林淡染红"，吟诵了跨浦桥与西兴泊的隔江相望。同年（1072）五月，成寻等人为巡礼天台山，乘船从杭州出发，横渡钱塘江，曾在越州西兴泊停宿一晚。跨浦桥所在位置曾是六朝的柳浦渡口，胡三省对《资治通鉴》的注释中有"柳浦即今浙江亭东，跨浦桥之浦"，"柳浦埭即今杭州江干浙江亭北、跨浦桥埭是也"的解释，据此推断，成寻所言的"杭州凑口"近距六朝的柳浦渡口。而与跨浦桥相近的浙江亭，唐时称樟亭驿，位于跨浦桥南江岸，大致在今南星桥三廊庙一带。

跨浦桥下的船只往来繁忙，让成寻联想到日本的宇治桥。宇治桥位于今京都府宇治市，是建在宇治川之上的桥。成寻所处的平安时代，宇治桥及其附近的宇治津（渡口）作为京都南部的水陆交通要所，非常繁荣。以宇治桥相对照，既说明作为日本僧的成寻，时时将宋与日本相比较的意识，也反映出跨浦桥及其周边氛围与宇治桥的相似性，同时钱塘江渡口与跨浦桥的重要交通位置及其商旅货运的繁盛也可见一斑。

熙宁五年四月至熙宁六年六月，成寻横渡钱塘江共4次，但关于钱塘江北岸的景观，只有第1次渡江的记录最为详细，显示出刚刚入宋的成寻，在初见钱塘江及其渡口之时的新奇与兴奋。

二、运河的景象

宋时的杭州，城外有多条河流，其中运河是从跨浦桥至杭州城内的重要河道，俗称贴沙河，亦名里沙河，其具体航路是"南自浙江跨浦桥，北自浑水闸、萧公桥、清水闸、众惠桥、椤木桥、朱家桥，转西由保安闸至保安水门入城"。浑水、清水、保安三闸，是"濒江三闸"，极易受到潮水的冲击。天圣四年（1026），因"岁久不治"，"海潮冲坏水闸，舟船阻滞"，侍御史方慎言上奏朝廷，宋仁宗下令修复。水闸具有防止江潮进入、固护运河水势的功能，因此水门的开启与关闭管理是非常重要的。关于浑水、清水二闸开启与关闭的管理，成寻的日记有记录。

熙宁五年四月十三日，成寻所乘之船渡江后，进入运河，行船约10町（1 090米）左右，至浑水闸桥下泊宿。其时，成寻关注的运河景象，是"河左右家皆瓦葺，无隙并造庄严。大船不可数尽"。《（咸淳）临安志》记载，浑水闸桥位于"便门外，鲞团前"，说明浑水闸桥附近有市肆贸易场所。成寻记述的两岸建筑瓦屋栉比之景色，很可能是旅舍、仓库、肆宅等建筑的写照。同时，根据成寻的日记可知，在浑水闸之外聚集着等候水门开启的许多船只，也从一个侧面佐证了运河的繁忙。翌日（十四日），午时潮满，水门开启，等待一夜的成寻的船通过了浑水闸，行数里后，船又通过了清水闸，申时至保安水门前的市舶务。

成寻还生动地记录了从杭州出发赴天台山时通过清水闸的过程。熙宁五年五月四日，成寻乘坐其他商船于卯时出船，过通济桥次门之后，行十五里至清水闸，但由于潮少水浅，水门关闭，船止于水门下。翌日（五日）卯时，成寻的翻译陈詠前往官衙申述请开水门，获得许可，在非开启时间，水门被打开，放船通行，其时等在水门下的其他三四十只船也随之通过清水闸。由此可知，潮满时水门开启的原则，在执行的过程中，也具有一定的通融性。

除了水闸以外，成寻也留意到运河的其他景观。例如熙宁五年四月十四日，船过清水闸之后，在船的行进中，成寻看到了两座大桥，以石为墩柱，桥的栏杆等部分用朱丹涂画，以示"庄严"。显然两座大桥与运河上的其他桥有所不同，似乎意味着其所在位置的重要性，提示过往的船只已临近或已达城门。《（咸淳）临安志》《梦粱录》等记载，保安门外或保安水门外有三座桥，一是诸（朱）家桥，位于保安门外，竹车门南；二是保安闸桥，位于诸家桥西，保安闸头；三是保安桥，位于保安水门外。据此，成寻所见的两座朱色大桥，可能是诸家桥、保安闸桥、保安桥中的两座。

成寻入宋的目的是巡礼天台山、五台山等佛教名胜，但泛海至宋后，首先随商船前往杭州，是因为当时的杭州设有市舶司，无论是归国的宋海商，还是日本僧成寻都需要在市舶司办理相关手续，其中包括① 成寻所搭乘的商船，广州商人曾聚等将在日本买得的留黄（硫黄）、水银等物运回国，须支付关税（"抽解"）；② 成寻作为外国僧须向官衙报告来历等事项，并申请前往台州天台山的许可（"公验"）等。熙宁五年四月十四日申时，成寻乘坐的船抵达保安水门外，"著问官门前"。此处的"问官",是指市舶司衙或市舶司具体处理事务的官人。《梦粱录》有记载"市舶务,在保安门外瓶场河下,凡海商自外至杭,受其券而考验之",与成寻的记录相互佐证,保安门外设有市舶司官衙。成寻抵达杭州数日后,赠送问官三贯钱,感激"问官之恩"。顺便提一下,当时的市舶司长官(市舶使)由知杭州沈立兼任。

在保安门外,成寻就已经将目光从运河两岸转向城内,望见位于城内凤凰山之右的知杭州衙门建筑,"见都督门,如日本朱门。左右楼三间,前有廊并大屋,向河悬帘。都督乘船时屋也"。都督门,即杭州的知州衙门。成寻所言的日本朱门是泛指赤色之门,还是特指天皇所在的平安宫朱雀门,由于缺乏史料无法断定,但可以肯定的一点是知杭州衙门为显示威严的朱色之门。熙宁五年八月,从台州前往开封途中,成寻曾经在杭州短暂驻留,等候官船。其时,成寻拜访了转运使衙、提举官衙,但因雨大而未能进知府都督府拜访,不过依然瞥见"府内重重大门,广大官舍数百"的建筑群。

成寻的记录仿佛是展现杭州城外运河的一幅画卷,桥梁、水闸,两岸建筑的景象宛在眼前。随着成寻移步至杭州城内,北宋时期的都市侧影也呼之欲出。

三、市井的风貌

熙宁五年四月十六日,成寻在宋海商曾聚等人的向导下,到位于抱剑营的张三客店住宿。抱剑营,曾是吴越国军队的营地,宋时有名的庶民聚集的娱乐街。后世因柳翠井传说,地名由抱剑营变为柳翠井。张三客店是宋海商经常宿泊的客店,前述的担任成寻翻译的陈詠,也是从事宋日贸易的海商，与成寻就是在张三客店相遇的。

在张三客店住宿期间，成寻通过购买鞋、斗笠等物品以及去公共浴堂沐浴等活动，亲身感受了杭州市民的生活，同时还领略了作为都市的杭州的风貌。例如，看见"兔马二疋。一疋负物，一疋人乘。马大如日本二岁小马，高仅三尺许，长四尺许，耳长八寸许，似兔耳形。弹琴童二人出来，人人与钱"。兔马即驴。在古代日本对外交流中，驴曾经作为百济、新罗的外交礼物，从朝鲜半岛泛海至日本列岛，但是在古代日本的畜产中，并没有驴。对于成寻来说，或许是他生平第一次看见驴，因此才在日记中记下了所见的驴的细节。宋时的杭州周边地区，驴与牛、羊、犬、马、骡等同样，是民间的重要家畜。虽然成寻可能仅在张三客店见到驴，但依然可以推想，作为交通工具、运输工具的驴，穿行于宋代杭州的街巷，是比较常见的景象。而成寻邂逅的弹琴童二人，从人人给钱的行为可以推知，二人是游走都市街头的卖艺人的缩影。

有关杭州的都市景象，成寻日记着墨最多的是夜市。杭州的夜市常常被视为宋代都市繁荣的重要象征。中国的文献史料中，关于南宋杭州夜市的记载不少，但对北宋杭州夜市却涉及不多，因此成寻的记录就尤为珍贵。熙宁五年四月二十二日晚，成寻与一同从日本至杭州的宋海商一起，游览了杭州的夜市。他们前往的夜市，东西有30余町，南北有30余町，每町内大路、小路纵横交错，店铺无数，灯火通明，人头攒动。首先给成寻留下深刻印象的是商铺门前皆装饰精美，每家商铺都悬挂着玻璃壶灯，大小不一，壶色青、赤、白等，灯火映照，二三百盏灯并悬，可谓灯火辉煌；有的商铺还悬挂了店招旗帜。其次是傀儡戏的精湛表演，百余木偶立于高台，木偶的舞姿、击鼓、旋转、喷泉、驰马等各种技巧的精妙，让成寻无法用语言完全表达他的惊叹不已。成寻记述的看戏买茶座以及人们在露天、舍内用银器饮茶等细节,也是夜市茶肆兴隆与宋人饮茶习俗的具体写照。此外,显现夜市娱乐性的伎乐女子的表演也被成寻记录在日记中。

夜市是各阶层交错的空间,这点在成寻的笔下同样有所反映,即"都督北方"(知杭州沈立的夫人)也出现在夜市中。前簇后拥的官夫人的从者队伍,以及精美的轿子、腰舆,在成寻的眼中,都是夜市的一道风景。

除了夜市以外,关于北宋杭州的日市的景象,成寻也略有言及。《参天台五台山记》熙宁五年八月二十二日条记载:"市内大小路辻,卖买绫、罗、金、银、香、药、绢、绵、布、食物等满多。"相较于夜市,日市商铺的买卖更多地集中于衣食用等日常生活所需的物品。

杭州的市也成为成寻比较北宋其他地区的市的基准,熙宁五年九月二十二日,成寻乘轿参拜泗州大师院,途中经过泗州的集市,对此评价道:"卖买宝物、食物如杭州市。"毋庸多言,杭州的都市繁荣给成寻留下了难以忘怀的印象。

四、城外山寺圣迹相依

成寻在日记中记载其听闻杭州有 360 座寺院。但他接触的第一座杭州佛寺是位于慈云岭一带的龙华宝乘寺。龙华宝乘寺亦称龙华宝乘院,创建于开运二年(945),吴越国王钱弘佐喜舍瑞萼内园建为寺院。熙宁五年四月二十五日,受龙华宝乘寺金刚般若经会的邀请,成寻乘船出城,前往龙华宝乘寺,礼拜了大佛殿、礼堂、五百罗汉院、观音院、须菩提院等寺内建筑,并参加了斋会。成寻的日记不仅记录了龙华宝乘寺的寺内殿堂布局以及大佛殿的殿内佛像配置、造型、佛具、庄严具所用材料等，而且还对金刚般若斋会的点心名称、形状及味道，也有着非常详细的记载："先食果子、荔子、梅子、松子、龙眼，味如干枣，似荔子，颇少去上皮吃之。胡桃子实极大，皮薄易吃破。又作果五六种，不知名。甘蔗、生莲根、紫苔为果子，有樱子。"其中，荔子是晒干的荔枝，即荔枝干。成寻第一次吃荔子是在宋海商的船上，当时船靠东茹山（东岱山岛或西岱山岛），有福建商人送来荔子。关于龙眼，晋代顾微《广州记》有"龙眼子似荔支（枝），七月熟"的记载。荔子、龙眼都是福建、广东一带的南方特产，出现在龙华宝乘寺的斋会上，或许是商人所赠，或许是其他人购买所送，间接地印证了北宋杭州的商贾往来、南北货物荟集的都市景象。

从龙华宝乘寺返回张三客店之后，成寻向杭州官衙提交了在寺院住宿的申请。或许是考虑到成寻是天台宗僧侣，杭州官衙指定天台宗讲寺的南屏山兴教寺为成寻的宿所，并给予钱文。熙宁五年四月二十九日辰时，成寻乘坐杭州官衙派来的轿子，与随从弟子一同离开了张三客店，移宿至兴教寺。

兴教寺位于南屏山，由吴越国王钱弘俶于开宝五年（972）创建，至元代末时，已成废墟。兴教寺寺址大致在现今的杭州南山路8号一带。兴教寺是成寻入宋后首度驻锡的寺院，因此他对该寺的观察颇为仔细，并记录于日记中。根据《参天台五台山记》可知，兴教寺的伽蓝建筑布局为山门、大佛殿、十六罗汉院、天台九祖堂、五百罗汉院、文殊堂、深沙大王堂、阿弥陀堂、鬼子母堂、讲堂、食堂、宿所，此外还有方池等；各殿堂的主要佛像分别是大佛殿的释迦三尊，十六罗汉院的等身造像，天台九祖堂的天台九祖等身造像，五百罗汉院的长三尺造像，大佛殿后二隅角的等身大辩才功德天像等。

在兴教寺，成寻也参加了讲经会。成寻作为日本大云寺的寺主，对于日本天台宗的讲会仪轨非常熟悉，因此在兴教寺讲会上，注意到宋日两国天台宗讲会仪轨的不同，即宋天台宗讲会不设置读师座，亦没有散花仪式。日本天台宗的讲会仪轨也是源自中国，尤其受唐代讲经仪轨的影响颇深，可以说宋日天台宗讲会仪轨的不同，反映出天台宗在唐宋时代的变化。

兴教寺之北二里处是净慈寺。在驻锡兴教寺的第一天，成寻就前往净慈寺巡礼。与兴教寺不同，净慈寺是禅寺。寺院的建筑是显示各教宗主张的可视性设施，因此净慈寺的殿堂布局与兴教寺、龙华宝乘寺都有所不同。成寻记录的净慈寺景观包括：大佛殿供奉石制丈六释迦像；五百罗汉院"最以甚妙"；建有九重石塔，"高三丈许，每重雕造五百罗汉"；还有二塔，"重阁内造塔"；寺内"重重堂廊"，等等。在净慈寺，成寻受到了74岁的达观禅师的热情接待。五月一日，达观禅师派人给成寻送去斋会请帖，显示出达观禅师与日本僧侣积极交流的姿态。

成寻初访杭州之前，对于杭州佛教的了解极其缺乏，因此他在龙华宝乘、兴教、净慈三寺的所见所闻，可以说是初次接触到杭州的佛教，但因是个别寺院的巡礼，并不能使成寻掌握杭州佛教的整体状况，甚至即使受到兴教寺的大教主、小教主二人的特别招待，成寻的日记也没有记录大小教主二人的法名，似乎不知其名。当时兴教寺的大教主，可能就是著名的梵臻。此外，灵隐寺、明庆院等寺院僧侣也曾造访成寻，但似乎只是礼节性的拜访，没有佛学学问或信息等方面的交流。不过，成寻在宋都开封期间，关于杭州佛教，增加了一定程度的了解。

熙宁五年八月六日，由于宋神宗的召唤，成寻离开天台国清寺，前往北宋首都开封。65天后，终于到达开封。成寻驻锡在太平兴国寺，与太平兴国寺译经院的文慧大师智普交流频繁，文慧大师向成寻推荐了契嵩所著的《辅教编》。契嵩是倡导佛教与儒学融合的高僧，熙宁五年六月在灵隐寺圆寂。熙宁五年五月二日，在杭州的成寻与灵隐寺的僧侣德赞见过面，并相互交换了礼物，但是成寻在该日的日记中完全没有提及契嵩，由此可知当时的成寻并不知晓契嵩的事迹。熙宁六年（1073）三月，成寻又阅读了契嵩所著《传法正宗记》十二卷，在日记中明确说明该著作是"杭州灵隐寺东山契嵩和尚作法藏二十七人传，菩提达摩门人集也"，显示出对灵隐寺及契嵩的认知。

熙宁六年（1073）五月二十日，在从开封返回天台山的途中，成寻再次访杭。二十六日辰时，成寻与弟子、通事（翻译）等人一同出发前往灵隐寺，出杭州城西门，于集贤亭乘船，渡西湖三里，在步（埠）头上岸，经五里路，至灵隐天竺寺门（二寺门）。关于成寻一行所出的杭州城西门，具体是哪一门，《参天台五台山记》并没有明记，不过丰豫门是离集贤亭最近的城门。此外，从九里松至二寺门的道两旁松林，成寻以"宛如天台十里松门"之句，形容长长的松林夹道景象。至灵隐寺后，成寻惊叹寺院所处的飞来峰环境，于日记留下"奇岩怪石，异于他处。中天竺灵鹫山一小岭飞来。峰北面造灵隐寺，南面造天竺寺也。山体似飞来，山洞数处，奇秀绝异也"的记录。

在灵隐寺，成寻与寺主慈觉大师云知交流，领略寺院的院院堂堂、亭轩的意境，抄写咏诵灵隐、飞来峰的诗文，体验极洁净的浴堂等。离开灵隐寺之后，成寻又造访了天竺寺即下天竺寺。下天竺寺是高僧遵式弘扬天台净土思想的寺院。在天竺寺，成寻遇见了管内僧正海月法师惠辩，他是遵式的弟子祖韶的弟子，是当时杭州佛教界德高望重的高僧。围绕着《金刚般若疏》是否是天台疏的问题，成寻与惠辩进行了交流，二人意见不一，显示出宋日天台教学的不同认识。之后，在天竺寺僧侣的向导下，成寻参观了山洞、卧龙石及葛洪的炼丹泉，并礼拜五百罗汉与天台九祖等。在天竺寺内，成寻数度听闻飞来峰内的鸟鸣声，寺与飞来峰融为一体。成寻向惠辩请求有关飞来峰的碑文拓本，翌日（二十七日），惠辩派人送来陆羽《天竺灵隐二寺记》的碑文拓本，成寻"感喜无极"。

在下天竺寺之北有敕兴圣院，即灵鹫兴圣寺，"灵隐前天竺后，名于天壤，介两山间一兰若"。敕兴圣院给成寻留下的最深印象是灵鹫山洞，"（山洞）广大如五六间屋母，石埼造付十六罗汉种种佛像等，奇怪洞也"。

两天后（二十八日），成寻再访天竺、灵隐二寺。虽因海月法师惠辩外出而未能相见，但与灵隐寺的慈觉大师云知得以再次交流，显现出成寻积极把握与杭州高僧交流机会的愿望。六月一日，成寻乘船出杭州城，因风船泊浑水闸外。翌日（二日）潮满时渡钱塘江，直向越州。成寻关于杭州的记录画上了句号。

结　语

在杭州的发展史上，随着隋大业六年（610）大运河的开通，位于大运河南端的杭州，渐渐发展成为南北往来的"万商所聚，百货所殖"的都市。"骈樯二十里，开肆三万室"是描写唐代杭州繁荣景象的名句。欧阳修的《有美堂记》也以"环以湖山，左右映带。而闽商海贾，风帆浪舶，出入于江涛浩渺、烟云杳霭之间，可谓盛矣"，咏颂杭州航运、商贸的繁忙。同样的画面，都在成寻记录的北宋杭州印象中出现。

由于成寻的日记是以自己亲身经历为主，加之对杭州不甚了解以及在杭活动范围有限，因此他描述的杭州印象具有局限性。然而，即使是片段化的记录，也勾画出北宋杭州的一个个场景，既有渡口、运河的繁盛，日市、夜市的繁华，也有佛寺的兴隆，更有日宋僧侣的相互交流。

熙宁六年七月，成寻的弟子乘坐宋海商之船踏上归国之路，其时，成寻将日记交由其弟子带回日本。而成寻本人却在北宋度过余生，于1081年（宋元丰四年，日本永保元年）病逝在开封的传法院（开宝寺）。成寻留给后世的《参天台五台山记》，既是宋日文化交流的史料，也是北宋杭州都市风貌的见证。

（作者单位：浙江大学历史学院）